El poder curativo de la
BIBLIA

James E. Gibson

El poder curativo de la Biblia
© James E. Gibson

© José Francisco Hernández, traducción
© iStockphoto, ilustración de portada

© 1989 by James E. Gibson, Ph. D.
Publicado mediante acuerdo con Scott Meredith Literary Agency, Inc. 845 Thir Avenue, New York, N.Y. 10022

D.R. © Selector S.A. de C.V. 2016
Doctor Erazo 120, Col. Doctores,
C.P. 06720, México D.F.

ISBN: 978-607-453-389-7
Trigésima edición: junio 2016

Consulte nuestro aviso de privacidad en www.selector.com.mx

Características tipográficas aseguradas conforme a la ley. Prohibida la reproducción parcial o total mediante cualquier método conocido o por conocer, mecánico o electrónico, sin la autorización de los editores.

Impreso en México
Printed in Mexico

Índice

En el principio	9
Conócete a ti mismo	11
Glorifique sus dones	71
Fortaleza ante las aflicciones de la vida	95
La conquista de los demonios personales	121
El control de las emociones	157
Haga uso de sus recursos internos	171
Transfórmese en una mejor persona	193

En el principio

Siempre recordaré cuando veía a la tía Viola tomar su vieja y desgastada Biblia del estante superior de su librero y retirarse a su "cuarto de estudio", como ella lo llamaba. Representaba un misterio para nosotros porque nunca predicaba ni moralizaba. De hecho, nunca habló mucho de religión; sin embargo, siempre pareció capaz de mantener unida a la familia durante las crisis y resolver un conflicto o poner fin a un malentendido.

Cuando su hijo Charles murió en un accidente de trabajo, la tía Viola fue la más fuerte de todos. Al preguntarle cómo podía soportar esta tragedia, me dijo que obtenía toda su fuerza y su sabiduría de la Biblia. Esa fuerza la sostuvo hasta que murió a la edad de noventa y un años.

Actualmente los psicólogos han comenzado a redescubrir el valor de la sabiduría y la introspección de la Biblia. En varias universidades, los terapeutas han retomado el estudio del pensamiento religioso y de la Teología debido a que muchos de sus pacientes sufren una especie de angustia espiritual. Los pacientes buscan maneras de comprender los temas universales que la humanidad ha encarado siempre, y los terapeutas se encuentran mal preparados para manejar estos temas; por ello, son cada vez más las personas que se vuelven en busca de ayuda a las fuentes tradicionales de sabiduría e inspiración, entre las que destaca la Biblia.

Esto no es sorprendente. Las historias y los dichos de la Biblia han sobrevivido durante miles de años porque generación tras generación ha encontrado en ellos una sabiduría práctica, una sabiduría que ayuda a resolver tanto los problemas cotidianos como las cuestiones teológicas y espirituales.

Gran parte de las reflexiones que ofrece la psicoterapia contemporánea tiene su origen en la práctica espiritual. Carl Jung, Erich Fromm, Abraham Maslow, Victor Frankl y muchos otros psicoterapeutas renombrados han consultado la Biblia en busca de ideas para resolver los problemas humanos. La palabra "psique", del griego, significa "alma" o "espíritu". La psicología sería el estudio del alma. Para ello, pocas fuentes hay mejores que la Biblia.

En los Evangelios se considera a Jesucristo como un curador milagroso de enfermedades físicas y de males invalidantes. El Hijo de Dios también se ocupó con eficiencia de las quejas comunes derivadas de la pena y el descontento. Jesús era, de hecho, un maestro y un terapeuta. Su genio se manifestaba al transformar las situaciones en lecciones sorprendentes que podían aclarar y ayudar a curar los problemas y dolores que la vida conlleva.

Para encontrar este mensaje terapéutico hay que leer cuidadosamente, pues la Biblia no es un texto simplista. No es una colección de aforismos pasados de moda que nos tranquilizan o que fomentan nuestra neurosis. Tampoco es una versión dulcificada de la realidad. Es un libro complejo, una visión directa de la vida tal como la conocemos y la vivimos. Con frecuencia sus recomendaciones son más intensas de lo que podríamos esperar. Por otra parte, la Biblia no fue escrita para hacernos sentir culpables o pecadores. Tampoco debemos usarla como arma para hacer que otros se sientan inferiores y pecadores. La Biblia se escribió con el propósito de brindarnos una sensación de gozo, paz y energía. No es simplemente una guía para la otra vida; fue escrita como una guía para la vida cotidiana.

A menudo la sabiduría que la Biblia contiene debe interpretarse en términos modernos. Este libro que usted, lector, tiene en sus manos está diseñado para servir como guía desde una perspectiva moderna. En él se pide al lector que asuma un papel activo, que se ponga en el lugar de los personajes de las historias bíblicas. El lector debe buscar una parte de su identidad interior —su alma— en cada historia. Esto constituye un reto y puede ser doloroso, al igual que cualquier proceso terapéutico; sin embargo, de ello resulta una autocomprensión curativa que puede servirnos de sostén en los momentos más difíciles. Hay que usar este libro como algo que nos puede ayudar a buscar y experimentar el poder curativo de la Biblia.

Conócete a ti mismo

Cómo encontrarse a sí mismo con la Biblia

Un ángel del Señor le dijo a Felipe: "Ponte en marcha hacia el sur, por el camino del desierto que baja de Jerusalén a Gaza." Felipe emprendió el viaje, y resulta que se encontró con un etíope eunuco, alto funcionario encargado de todo el tesoro de Candace, reina de los etíopes. Éste había ido a Jerusalén para adorar y, en el viaje de regreso a su país, iba sentado en su carro, leyendo el libro del profeta Isaías. El Espíritu le dijo a Felipe: "Acércate y júntate a ese carro." Felipe se acercó de prisa al carro y, al oír que el hombre leía al profeta Isaías, le preguntó: "¿Acaso entiende usted lo que está leyendo", contestó "¿Y cómo voy a entenderlo si nadie me lo explica?" Así que invitó a Felipe a subir y sentarse con él.

Hechos 8:26-31

Como el funcionario etíope, todos queremos encontrar un guía autorizado que nos ayude a entender la Biblia.

¿Cuál es la manera más apropiada de obtener lo mejor de este glorioso don del pasado?

No existe una manera única de entender lo que la Biblia nos enseña. Su profundidad es infinita. Sus relatos evocan el principio y el fin de los tiempos y nos muestran la extensa gama de emociones humanas, desde el más profundo sufrimiento hasta la más exultante alegría.

Por supuesto, ningún acercamiento puede abarcar en su totalidad el mensaje de la Biblia. Sin embargo, hay dos formas básicas de emprender el trabajo. La primera es leer la Biblia objetiva y científicamente para obtener información sobre la gente y la cultura que el texto describe. La segunda consiste en buscar la sabiduría que contiene, por así decir, y escuchar el mensaje bíblico de salud aplicado directamente a nosotros.

El segundo método es el que seguiremos en este libro. Leeremos las historias de manera personal y exploraremos la clarividencia psicológica y espiritual que se encuentra en ellas. Después, las aplicaremos a nuestras vidas, pensamientos y sentimientos.

Leer la Biblia de esta manera puede ser un poco atemorizante al principio. Pero las recompensas potenciales en autocomprensión bien valen la pena el riesgo.

Una vez que nos entendemos a nosotros mismos, empezamos a reconocer aspectos de nuestra conducta y pensamientos que pueden causarnos pena y dolor. Pero, al mismo tiempo, se hacen evidentes maravillosas oportunidades para una vida más gozosa y satisfactoria. Contemplar la verdad acerca de nosotros mismos y de nuestro mundo hace inevitable la curación.

¿Dónde encontrar la autocomprensión en la Biblia? ¿Cómo encontrarnos a nosotros mismos en ella?

El primer paso es sensibilizarse a los símbolos que contiene. Los símbolos tocan lo más profundo de la psique, aspectos tan íntimos de la persona, que se teme expresarlos incluso a nosotros mismos. Sin embargo, la Biblia nos ayuda a descubrir que esos aspectos, considerados tan profundamente personales, son en realidad universales: la pena, la nostalgia, los errores, el intenso remordimiento, las resoluciones rotas. Por esta razón podemos leer el Génesis, el Libro de Job y el Eclesiastés y, a pesar de que fueron escritos hace miles de años, encontrar que su contenido apela a alguna parte escondida de nuestras mentes.

Veamos a los personajes que describe la Biblia. Sus figuras no son, en modo alguno, como las figuras históricas ordinarias; nos conmueven tan intensamente porque representan algo profundo en nosotros. Sus vidas reflejan nuestra propia alma de modo fundamental.

Esto podría no ser percibido inmediatamente. Quizá uno se resista a la idea de que puede ser tan heroico como Moisés, o tan exultante como David. Y al mismo tiempo, uno espera no ser nunca tan cruel como el Faraón o tan vengativo como Herodes.

Pero piense un poco. ¿Qué es lo que realmente le afecta cuando lee la Biblia? ¿No es acaso esa chispa de reconocimiento, esa voz interior que dice: "Sí, a veces me he sentido así"?

Como Job, hemos sido víctimas de la tragedia. Nos hemos sentido avergonzados como Adán y Eva. Añoramos la Tierra

Prometida, como el pueblo de Israel. Hemos sentido la desesperación de la fe, como le ocurrió a Simón Pedro cuando Jesús le pidió que caminara sobre el agua durante una tormenta.

Pero el espíritu también se remonta a las alturas con los Salmos del rey David, con el coraje de los israelitas y con la fe de san Pablo al organizar la nueva Iglesia.

Estos sentimientos internos, estos movimientos del espíritu en resonancia con las historias son efectos producidos por el poder de los símbolos bíblicos. Reflejan la manera en que estos relatos conmueven nuestras vidas.

Una vez que se advierte cómo pueden afectarnos estos símbolos es posible sentir ese trozo de infinito que hay dentro de todo ser humano, esa indefinible chispa divina.

Entonces se vislumbran las posibilidades ilimitadas del espíritu. Sin eso, la visión de lo que podemos ser y lo que podemos hacer es demasiado estrecha. Se llega a creer que la superficie, la máscara que permitimos ver a los demás y a nosotros mismos es todo lo que somos.

El secreto de penetrar los relatos de la Biblia y encontrar el poder curativo escondido en ellos es advertir que la Biblia refleja y revela infinitos aspectos de nuestra personalidad ocultos incluso a nosotros mismos. Podemos vernos reflejados en cada página de la Biblia, leer el mismo pasaje una y otra vez, y aprender en cada lectura una verdad más amplia sobre nuestras vidas. Entonces nos damos cuenta de que el poder de este magnificente libro nos ayuda a encontrarnos en él y a estar abiertos a oportunidades nunca antes soñadas de una vida mejor, más gozosa y satisfactoria.

El significado de ser hombre

Luego Dios el Señor dijo: "No es bueno que el hombre esté solo. Voy a hacerle una ayuda adecuada." Entonces Dios el Señor formó de la tierra toda ave del cielo y todo animal del campo, y se los llevó al hombre para ver qué nombre les pondría. El hombre les puso nombre a todos los seres vivos, y con ese nombre se les conoce. Así el hombre fue poniéndoles nombre a todos los animales domésticos, a todas las aves del cielo y a todos los animales del campo. Sin embargo, no se encontró entre ellos la ayuda adecuada para el hombre. Entonces Dios el Señor hizo que el hombre cayera en un sueño profundo y, mientras éste dormía, le sacó una costilla y le cerró la herida. De la costilla que le había quitado al hombre, Dios el Señor hizo una mujer y se la presentó al hombre.

Génesis 2:18-22

Cuál es la diferencia entre un hombre y una mujer? ¿Qué significado tiene ser hombre? ¿Cómo puedes saber cuándo dejas de ser un muchacho? Esta es una serie de preguntas que siempre despiertan a todos los soñolientos alumnos varones de mi salón de clases.

A diferencia de las mujeres, la mayoría de los hombres encuentra difícil responderlas. Casi nunca discuten este tipo de preguntas entre ellos. Parecen tener un código de silencio que oculta las dudas e inseguridades relacionadas con su identidad sexual.

Este silencio refleja la confusión que los hombres sienten acerca de su función en el mundo. El agresivo y combativo estereotipo tan dominante en la primera mitad de este siglo se ha vuelto ahora muy incómodo para la mayoría de los hombres. Y se preguntan quiénes son. ¿Qué se supone que hace a los "verdaderos" hombres? El libro del Génesis tiene la respuesta en el relato de la Creación, donde contemplamos al hombre afanándose en dar un nombre a todos los animales. Esta era una tarea simbólica de gran importancia. El nombre otorgaba identidad y contenía la esencia de la cosa nombrada. (El nombre de Dios era sagrado y no se podía pronunciar ni escribir.) El nombre era tan especial que las personas que experimentaban una revelación o una importante transición espiritual cambiaban de nombre para subrayar la transformación que habían sufrido.

Tal vez al aprender tanto del mundo de los animales, Adán sintió curiosidad sobre sí mismo. "¿Qué clase de animal soy yo?", pudo haberse preguntado. "¿Cuál es mi nombre, mi esencia?"

La Biblia nos dice que el hombre no puede resolver esta pregunta sin ayuda. Para entenderse realmente a sí mismo necesita un colaborador, de otro modo estaría incompleto y sin identidad. Por lo tanto, Dios creó a la mujer del cuerpo de Adán mientras éste dormía. La mujer es, de muchas maneras, el yo más profundo del hombre, su auténtica "otra mitad".

El relato es especialmente apropiado para esta época en que las mujeres se esfuerzan por encontrar su identidad. Ellas exploran sus emociones y aprenden nuevas formas de comunicar y celebrar sus sentimientos. Los hombres pueden aprender una lección sobre cómo expresar lo que son, lo que sienten y lo que pueden ser. Muy a menudo pretenden ser insensibles y tienden a esconder sus sentimientos, aun con el riesgo de sufrir graves tensiones. De hecho, muchos se enferman por esconder sus emociones.

Es más probable que las mujeres hablen entre ellas sobre su identidad, y que instruyan a las jovencitas sobre el significado de ser una mujer adulta. Los hombres a menudo se alejan de sus familias y de sus compañeros por dedicar una atención exclusiva a su función de proveedores y protectores. Difícilmente comunican sus sentimientos a otros hombres porque ven como potenciales competidores incluso a sus amigos más íntimos. El resultado es la soledad común, la inseguridad y la confusión de identidades que se percibe entre mis estudiantes varones.

Si el miedo de expresarse domina la relación familiar, el resultado puede ser más dañino. Los hombres necesitan hablar a sus hijos sobre sí mismos. Deben contarles la historia de sus vidas: la forma en que encontraron a su esposa y se enamoraron de ella, cómo eligieron su carrera, cómo se las entendieron con el éxito y con el peligro. A los niños les encanta escuchar estas historias.

Pero también es importante saber que los niños tienen sus propias historias, y los padres necesitan escucharlos y entenderlos. Este intercambio de historias puede dar a los niños un sustento de amor y entendimiento que les será útil toda la vida.

Finalmente, las mujeres pueden enseñar a los hombres a tener conciencia de su relación con la naturaleza. Esto es especialmente verdadero en lo que concierne al cuerpo. Las mujeres parecen estar más sintonizadas con las señales que les envía su cuerpo, y actúan más rápido cuando algo va mal. Los hombres, por su parte, tienden a esconder el dolor y a ignorar las angustiosas advertencias del cuerpo.

La Biblia ofrece un claro modelo de la relación fundamental entre los sexos. Somos compañeros y necesitamos darnos amor y apoyo unos a los otros. Y a través de esta relación podremos aprender lo que somos y lo que podemos llegar a ser.

El significado de ser mujer

De la costilla que le había quitado al hombre, Dios el Señor hizo una mujer y se la presentó al hombre, el cual exclamó: "Ella sí es hueso de mis huesos y carne de mi carne. Se llamará "mujer" porque del hombre fue sacada." Por eso el hombre deja a su padre y a su madre, y se une a su mujer, y los dos se funden en un solo ser. En ese tiempo el hombre y la mujer estaban desnudos, pero ninguno de los dos sentía vergüenza.

Génesis 2:22-25

Ambos sexos luchan por su identidad en el mundo moderno. Pero, como lo demuestran en mis clases de la universidad, las mujeres han alcanzado un mayor progreso en este sentido.

Para los hombres es difícil e incómodo enfrentarse a lo que representa ser hombre. Cuando pregunto a mis alumnas: "¿Qué significa ser mujer?", en contadas ocasiones dudan, si acaso lo hacen.

Y, aun cuando las mujeres, al igual que los hombres, titubean al pensar quiénes son y qué pueden llegar a ser, la fuente y la naturaleza de esta confusión son distintas. El orgullo que sienten por sí mismas y por sus logros es bien merecido. Han escapado de los confines de los viejos estereotipos, injustos y opresivos. Han adoptado nuevos papeles y han buscado nuevas posibilidades en la sociedad moderna. Se han vuelto conscientes de su realidad y de su poder y con esto han podido mejorar el mundo.

Pero todo tiene su precio. Para las mujeres modernas cada vez es más difícil establecer relaciones satisfactorias y complementarias con los hombres. Están atrapadas entre su carrera y sus hijos, y se fatigan intentando satisfacer el ideal de "súper mujer" que ellas mismas fijaron. En suma, se sienten defraudadas porque su éxito no cubre sus expectativas.

Muchas mujeres modernas rechazan la Biblia por el papel subordinado que les asigna. Su reacción es comprensible, pero precipitada. Ciertamente, quienes escribieron la Biblia estaban fuertemente influidos por sus normas culturales, francamente sexistas. Pero la Biblia posee una inmensa sabiduría sobre el hombre y la mujer que trasciende a todo lo demás. La Biblia dice que el hombre y la mujer están hechos de la misma carne y de la misma costilla. No importa qué diferencias existan entre los sexos, ambos enfrentan los mismos retos básicos de la vida:

la necesidad de ser amados, la búsqueda de la comprensión y el compañerismo y el dolor de la desesperanza. Pero también ambos son capaces de disfrutar y ser creativos, de maravillarse y lograr la intimidad.

Así como el hombre necesita que la mujer le enseñe su franqueza e intimidad, ella puede aprender del hombre el peligro latente que hay detrás del éxito material: el terrible precio del estrés y la tensión. El hombre puede enseñar a la mujer que el temor y la vulnerabilidad pueden llevar a la drogadicción y al alcoholismo. Estas son lecciones significativas que ha tenido que experimentar el hombre, y la mujer no necesita sufrir ni padecer el mismo error.

El término bíblico para la relación sexual es "conocer". Esta palabra revela el objetivo fundamental de la Biblia para la relación hombre-mujer. Únicamente a través del otro podremos alcanzar nuestro máximo potencial de amor y comprensión.

Cómo aceptarse
a sí mismo

Al que te pida, dale; y al que quiera tomar de ti prestado, no le vuelvas
la espalda. Ustedes han oído que se dijo: "Ama a tu prójimo y odia
a tu enemigo." Pero yo les digo: Amen a sus enemigos y oren por
quienes los persiguen, para que sean hijos de su Padre que está
en el cielo. Él hace que salga el sol sobre malos y buenos,
y que llueva sobre justos e injustos. Si ustedes aman
solamente a quienes los aman, ¿qué recompensa
recibirán? ¿Acaso no hacen eso hasta los
recaudadores de impuestos? Y si saludan a
sus hermanos solamente, ¿qué de más
hacen ustedes? ¿Acaso no hacen esto
hasta los gentiles? Por tanto, sean
perfectos, así como su Padre
celestial es perfecto.

Mateo 5:42-48

A menudo uno espera demasiado de sí mismo. Sabemos que no somos perfectos. Cometemos errores. Sin embargo, a veces nos sentimos muy molestos y frustrados cuando no nos damos cuenta que nos hacemos infelices.

Todos debemos aprender a disfrutar un poco más de nosotros mismos. La Biblia nos enseña cómo.

Jody es un ejemplo de persona demasiado autocrítica. Ella era una secretaria eficiente y competente que hacía funcionar bien su departamento. Todos dependíamos de sus momentos de crisis y, por lo general, los superaba. Sin embargo, se criticaba constantemente. "No soy suficientemente buena", me comentó en cierta ocasión. "He podido sobresalir. Pero si realmente supieras qué poco sé y qué incompetente soy, me odiarías."

Intenté reforzar su autoestimación destacando lo bien que nos sentíamos todos de contar con ella. Pero parece que no sirvió de nada.

"¿No dice la Biblia que debemos ser perfectos?", me respondió. "Yo sé qué tan imperfecta soy. No tengo remedio."

"Comentemos ese pasaje", le dije. "Nos dará una buena lección y te va a hacer sentir mejor."

Todos nos sentimos mal en ocasiones. Pero cuando convertimos la autocrítica en un hábito, realmente nos hace daño. Algunos, igual que Jody, somos perfeccionistas. Insistimos siempre en las acciones y conductas sin tacha y hacemos la vida imposible tanto a nuestros amigos como a nuestra familia.

La Biblia nos ofrece una lección importante a este respecto.

En el pasaje de Mateo, Jesús presenta una nueva idea, muy significativa, de la perfección. Comienza citando una ley judía muy familiar: "Ojo por ojo, diente por diente". Esta es la regla de la justicia. La mayoría se muestra de acuerdo con ella. Todos desean que se castigue a los que han cometido algún delito. Es justo que los criminales tengan lo que se merecen.

Así que resulta sorprendente la forma en que Jesús desea reemplazar esta regla. "Debemos amar a nuestros enemigos", nos dice; "debemos orar por quienes nos acosan". Con esta nueva regla, el Señor presenta un reto formidable. Es fácil amar a nuestros amigos. Es fácil amar lo que representa una posibilidad de amor. Pero amar a la gente desagradable es un reto. Y amar a quienes desean dañarnos es casi imposible. Más bien, esperamos que se haga justicia. Deseamos tener la satisfacción de ver castigados a nuestros enemigos.

Esta lección funciona en diversos niveles. Podemos aplicar este mensaje a nuestra vida interior y a situaciones sociales. Esto también constituye un reto.

Muchos psicólogos piensan que todos tenemos un "lado oscuro". Que escondemos deseos e impulsos muy importantes. Como Jody, muchas personas tienden a exagerar sus imperfecciones y sus fallas. Sólo consideran el lado oscuro e ignoran las virtudes que habitan en nosotros. Se convierten en su peor crítico. En ocasiones, en su peor enemigo.

Si las enseñanzas del Señor se aplican a nuestra vida interior, en consecuencia nos está pidiendo que amemos a nuestro enemigo interior. Que amemos nuestro lado oscuro, la parte desagradable y hasta negativa. Desea que seamos buenos con esa parte de nosotros mismos que comete errores y nos permite cometer imprudencias o sentirnos culpables.

¡Qué reto! Es fácil amarnos cuando tenemos éxito y fortaleza. Es fácil ser nuestros mejores amigos cuando hemos hecho algo heroico. Pero, ¿cómo podemos amarnos si somos débiles, si fallamos y hacemos un caos de nuestras vidas?

La lección de Jesús representa un gran alivio. Nos demuestra que el amor es diferente de la justicia. Si nos aplicáramos la ley "ojo por ojo, diente por diente", invariablemente condenaríamos nuestros actos y nuestros pensamientos. Pero ésa no es la regla por la que debemos regirnos. Más bien, debemos aprender a amar a nuestro enemigo interior, en la misma medida que odiamos a nuestro enemigo exterior.

El mensaje de Jesús es claro: el amor da cabida a la imperfección. Dios envía su refrescante lluvia a todos los mortales. La perfección de su amor llega a nosotros aunque no seamos merecedores de ella.

El llamado de Dios se refiere a ese tipo de perfección. Podemos ser espiritualmente ricos si nos profesamos amor, aun sin ser perfectos en el sentido objetivo del término.

Esto no quiere decir que transijamos con la injusticia. Amar a un enemigo, interior o exterior, no implica que consintamos que una persona hiera a los demás. Pero debemos tratar a los enemigos de la misma forma que a los amigos. Si un amigo estuviera actuando equivocadamente, le pediríamos que no lo hiciera. Trataríamos de comprender las razones que lo movieron a actuar de esa manera y le ofreceríamos apoyo. Lo ayudaríamos a rectificar, en lugar de ignorarlo.

Así es como debemos tratar a nuestros enemigos interiores; debemos tratar de encarar y comprender nuestras faltas en lugar de ignorarlas o esconderlas. Debemos aprender a perdonar las imperfecciones y a intentar convertirnos en mejores personas.

Identifique y supere los ideales falsos

Así que los maestros de la ley y los fariseos, buscando un motivo para acusar a Jesús, no le quitaban la vista de encima para ver si sanaría en sábado. Pero Jesús, que sabía lo que estaban pensando, le dijo al hombre de la mano paralizada: "Levántate y ponte frente a todos." Así que el hombre se puso de pie. Entonces Jesús dijo a los otros: "Voy a hacerles una pregunta: ¿Qué está permitido hacer en sábado: hacer el bien o el mal, salvar una vida o destruirla?" Jesús se quedó mirando a todos los que lo rodeaban, y le dijo al hombre: "Extiende la mano." Así lo hizo, y la mano le quedó restablecida.

Lucas 6:7-10

La sociedad no podría funcionar sin reglas y normas establecidas. Aprender a observar estas reglas forma parte de la madurez. De hecho, muchas de las reglas de la sociedad tienen su origen en la Biblia, la fuente perfecta de las reglas perfectas. Obedecerlas sin cuestionarlas significa ser una persona perfecta.

¡Demasiado fácil! La vida no es así de predecible. Usted puede hacerse miserable a sí mismo y hasta enfermarse emocionalmente, por seguir reglas que ya no son adecuadas a las circunstancias.

Todos tratamos de alcanzar ideales y modelos elegidos por nuestros padres, amigos o conocidos, pero, ¿qué sucede si los ideales no son los apropiados para usted como ser individual? ¿Los abrazaría obstinadamente, incluso arriesgando su bienestar? Y si a pesar de todo lo hace, ¿es eso un signo de debilidad, o de sentido común?

¿Cómo conocer la diferencia entre las formas y los ideales que debemos seguir, y aquellos que sólo nos causarían problemas? La Biblia nos ayuda a distinguir.

Lisa fue víctima de un falso idealismo que estuvo a punto de arruinar su salud y su vida. Ella creció en el seno de una acomodada familia con un sentido muy firme de las metas y las normas adecuadas. Lisa estudió en los mejores colegios y sabía lo que su familia esperaba de ella. Cuando conoció a Dan, un prometedor abogado, vio en él la realización de los sueños que sus padres se habían forjado para su futuro.

Al principio, el matrimonio fue casi perfecto, al menos aparentemente. Pero Lisa notó que el comportamiento de Dan en público era muy distinto de como actuaba en privado. Cuando estaban solos, Dan se volvía repentinamente abusivo, irracional y amenazante. Luego duraba días enteros enojado y sin hablar.

A pesar de que Lisa vivía constantemente atemorizada, trató de ocultarlo para que los demás no sospecharan la verdad. No quería contar a nadie sus problemas porque pensaba que podrían malinterpretarlos. Por otra parte, eso arruinaría la ilusión de propiedad y perfección que se esforzaba en proyectar.

Sin embargo, Dan comenzó a actuar violentamente y la vida de Lisa se convirtió en un infierno. Cuando ya no pudo soportar el sufrimiento, se separó de él, comenzó a trabajar como secretaria y a asistir a la escuela de leyes por las noches.

Pero la separación no eliminó por completo sus problemas. Estaba sumida en un profundo sentimiento de culpa. "Debí esforzarme más", me dijo una vez. "De alguna manera habría podido salvar mi matrimonio. Si hubiera sido una mejor esposa, él no se habría convertido en un monstruo. Debí cumplir con más diligencia las cosas que me pedía."

Entonces le recordé el pasaje de Lucas, porque ofrece una respuesta curativa a sus problemas.

Los fariseos tratan de engañar a Jesús y obligarlo a cometer un grave error. Le ponen enfrente a un hombre enfermo, un hombre paralizado de la mano por una deformación física. Jesús sabe que es contra la Ley curar en el día de reposo. También sabe que el hombre que tiene ante sí necesita su ayuda.

A todos se nos han presentado situaciones semejantes en la vida. Las viejas reglas que alguna vez funcionaron ya no son válidas. Los antiguos modelos de cómo debería ser nuestra vida ya son anacrónicos. Es difícil dejar de lado las normas antiguas, por supuesto, y no debe hacerse a la ligera. Una dificultad puede consistir en que los demás no entiendan por qué estamos introduciendo cambios en nuestras vidas y no desean escuchar las razones.

Pero el verdadero problema usualmente proviene de uno mismo. El fariseo que mora en nosotros nos acusa, como aquellos que trataron de engañar a Jesús, de faltas y crímenes. Estas voces tienen su origen en el temor y la inseguridad, pero las interpretamos como una autoacusación por actuar mal.

A Lisa su fariseo interior la culpaba de no cumplir con el modelo de buena esposa que su familia le había asignado. Sus padres tenían la imagen de un matrimonio ideal. Desafortunadamente, el suyo no lo era y ella se culpaba por eso.

Jesús demostró que las normas y reglas, aun las de la Biblia, nunca deben infligir o provocar sufrimientos de ningún tipo, y las leyes deben adaptarse a las circunstancias. La aplicación correcta de la ley requiere un conocimiento del significado y los propósitos subyacentes en cada situación. El sabía que el día del reposo nos sana y restaura psicológica y espiritualmente. Por lo tanto, curar y restablecer la mano del hombre es congruente con el sentido de la Ley.

En este pasaje, Jesús nos enseña cómo tomar decisiones relacionadas con las normas que gobiernan nuestras vidas. Debemos preguntarnos con frecuencia: ¿Quién hizo esta regla? ¿Por qué debo acatarla? ¿Sólo porque lo dicen mis familiares y amigos? ¿Se propone algún bien esta norma?

Tener un matrimonio sólido y duradero es un ideal importante y válido. Pero tratar de alcanzarlo nunca debe obligarnos a soportar una situación que sea física o emocionalmente dañina. Si llegamos seriamente a la conclusión de que la obediencia a la regla puede dañar nuestra persona o la de alguien amado, entonces será mejor considerar la aplicación de otros valores más adecuados a las circunstancias.

Debemos detenernos a reflexionar si estamos acatando reglas sólo porque el miedo, nuestro fariseo interior, nos impide realizar cambios necesarios.

A veces nos empeñamos en seguir las viejas normas sólo porque no podemos ver con claridad nuevos cursos de acción que resulten benéficos para nosotros y para aquellos que amamos.

Afortunadamente, Lisa pudo identificar las voces autocríticas como reflejo de su temor a fracasar en la escuela de leyes. También decidió que su desdichado matrimonio no iba a afectarla, y comenzó a visualizar el día en que pudiera encontrar un compañero que le proporcionara el matrimonio ideal que había soñado.

Por el momento, había entendido que no es posible aplicar normas rígidas a situaciones flexibles y cambiantes que van más allá del alcance de las reglas.

Aprenda a manejar sus propios errores

¡Ay del mundo por las cosas que hacen pecar a la gente! Inevitable es que sucedan, pero ¡ay del que hace pecar a los demás! Si tu mano o tu pie te hace pecar, córtatelo y arrójalo. Más te vale entrar en la vida manco o cojo que ser arrojado al fuego eterno con tus dos manos y tus dos pies. Y si tu ojo te hace pecar, sácatelo y arrójalo. Más te vale entrar tuerto en la vida que con dos ojos ser arrojado al fuego del infierno.

Mateo 18:7-9

Jonathan era el encargado de almacén y embarques en una corporación multinacional. Hace poco, un viernes por la tarde, acudió a mí para plantearme un grave problema.

"No sé cómo pudo ocurrir. De alguna manera accidental, enviamos casi una carga completa de materiales a nuestra fábrica de Italia, en lugar de mandarla a nuestra planta en Alemania. Sé que fue culpa mía, pero estábamos muy presionados y accidentalmente cambié las formas."

"Parece que tiene usted un buen enredo por resolver", le dije.

"Bueno, me temo que no tendré oportunidad de hacerlo", repuso Jonathan. "Sé que me correrán cuando se enteren. Por otra parte, simplemente no puedo darme el lujo de perder mi empleo en este momento. Mi asistente me dijo que podría culpar a los empleados del departamento de registro. De todos modos, ellos debieron advertir el error y pueden asumir las consecuencias en mi lugar. Ya sé que no es correcto hacer esto, pero es una forma de sacudirme el problema. Además, ¿qué otra cosa puedo hacer?"

Ser capaces de aceptar nuestros propios errores es básico para gozar de una buena salud mental. Sólo si aprendemos a enfrentarlos podremos tener oportunidad de crecer espiritual y emocionalmente. Si rehuimos nuestros errores nos hundiremos en emociones y conductas destructivas. La Biblia nos enseña lo que se debe hacer para evitar que las equivocaciones se conviertan en disparates mayores.

En este pasaje de Mateo, Jesús enseña a sus discípulos cómo hacer frente a sus errores y defectos. El utiliza imágenes intensas y dramáticas para llamarnos la atención sobre la seriedad y la importancia de esta lección.

Primero, pone el énfasis en lo que debemos saber: todos tenemos tentaciones, todos cometemos errores. El problema es que no lo aceptamos porque creemos ser los únicos en fallar. Pero puesto que somos imperfectos, los errores son inevitables. A menudo nos vemos forzados a tomar decisiones y a actuar sin tener un conocimiento adecuado. Y al obtener más información podemos encontrar que tomamos la decisión equivocada. A veces no sabemos qué hacer, y más tarde descubrimos que la solución estuvo siempre ante nuestros ojos. Eso le pasa a todo mundo. Así que no se sienta solo cuando cometa un error. Y no permita que nadie lo convenza de lo contrario.

La segunda lección de Cristo es importantísima y la desarrolla utilizando símbolos muy vívidos: "Si tu mano o tu pie te hacen caer en el pecado, córtalos y arrójalos lejos". Y luego repite con singular énfasis: "Y si tu ojo es causa de pecado, arráncalo". Jesús no desea que nos causemos daño alguno. El está hablando simbólicamente, como acostumbra hacer. Lo que quiere decir es que el aceptar nuestros propios errores es uno de los actos más dolorosos. Es doloroso porque nuestro primer impulso siempre es negar los errores y ocultar a los demás —y hasta a nosotros mismos— lo que hemos hecho mal.

Pero eso es lo peor que uno puede hacer, porque a partir de entonces sustentará su vida en la mentira. El engaño y la deshonestidad serán parte inseparable de su persona a los ojos de los demás, y quedará atrapado en esa falsa imagen. En el peor de los casos, la congoja causada por el temor y la desesperación podrían convertir su vida en "un infierno".

El poder curativo del Señor Jesús nos enseña a admitir nuestros errores. Debemos reconocer ante nosotros mismos y ante los demás, y mientras más pronto mejor, que hemos tomado una decisión incorrecta. Al hacerlo, sentimos un aguijonazo. Nuestro orgullo resulta herido, y la vanidad también. Pero, al final, éstas son penas menores comparadas con una vida atormentada por la simulación.

El lado positivo de esta lección es que, una vez que hemos admitido nuestros errores, damos un paso significativo hacia la madurez psicológica y espiritual. El dolor inicial es seguido de una oleada de regocijo. Repentinamente, nos sentimos liberados de un gran peso y nos preparamos para una nueva vida más saludable.

Jonathan descubrió esto por sí mismo después de un largo y penoso fin de semana. El lunes regresó a su trabajo y habló honestamente con sus superiores. Estaban muy enojados por el retraso pero, afortunadamente, la confesión de Jonathan llegó a tiempo para detener la carga en el muelle. Jonathan fue severamente reprendido, pero se ofreció a trabajar con su jefe en un nuevo procedimiento para evitar que se repitiera el mismo error en la compañía. Así, se dio cuenta de que confesar su error fue mucho menos penoso, a la larga, que vivir sabiendo que había mentido y arriesgado el trabajo de otros por conservar el suyo.

Es natural sentirse deprimido a veces

Todas las cosas hastían más de lo que es posible expresar. Ni se sacian los ojos de ver, ni se hartan los oídos de oír. Lo que ya ha acontecido volverá a acontecer; lo que ya se ha hecho se volverá a hacer ¡y no hay nada nuevo bajo el sol! Hay quien llega a decir: "¡Mira que esto sí es una novedad!" Pero eso ya existía desde siempre, entre aquellos que nos precedieron.
Nadie se acuerda de los hombres primeros, como nadie se acordará de los últimos.
¡No habrá memoria de ellos entre los que habrán de sucedernos!

Eclesiastés 1:8-11

Una y otra vez, en la vida siempre es lo mismo. ¡Nada cambia realmente! ¿Qué hace un pasaje como este en la Biblia? ¿Acaso no es la vida eternamente alegre y positiva? ¿No debería ser ese nuestro punto de vista? La respuesta, por supuesto, es no. La Biblia nos muestra que los momentos de tristeza y depresión son naturales.

Usted puede considerarse afortunado si conoce a una o dos personas que sean permanentemente felices. Ellos tienen una reserva de emoción y energía que nunca cesa.

También tienen la habilidad innata de rechazar los pensamientos lóbregos y oscuros y de caminar unidos al lado positivo de la vida. Un fuerte enlace que nunca se rompe.

Estas almas maravillosas pueden ser un vivificante rayo de sol en un día nublado. Pero son pocas las personas así. La mayoría somos malhumorados, frustrados y estamos llenos de tedio. A veces nos sentimos infelices sin razón evidente. Tales ocasiones parecen momentos de dolor inútil, pero pueden ser útiles y hasta saludables. Una psique sana requiere lapsos de actividad y descanso, tensión y desahogo, sueño y vigilia. Este ritmo tiene una base biológica, aunque extremadamente compleja. La tristeza y la felicidad forman parte del aspecto emocional de este ritmo de vida.

Nadie podría funcionar bien sin estos cambios rítmicos, pues es la forma en que el cuerpo y la psique se reacondicionan.

Todos necesitamos alejarnos del bullicio cotidiano para dedicar unos momentos a la meditación. A veces la tristeza es una señal de que debemos detenernos a reflexionar profunda y curativamente.

Finalmente, la Biblia nos muestra que los momentos de tristeza y aflicción pueden ser medios para profundizar en nuestra apreciación de la vida. Una vida que siempre es color de rosa podría perder pronto su sabor. Lo que hay de agridulce en la existencia añade profundidad y maravilla a nuestro paso por este mundo.

No esperes que un "becerro de oro" resuelva tus problemas

Al ver los israelitas que Moisés tardaba en bajar del monte, fueron a reunirse con Aarón y le dijeron: "Tienes que hacernos dioses que marchen al frente de nosotros, porque a ese Moisés que nos sacó de Egipto, ¡no sabemos qué pudo haberle pasado!" Aarón les respondió: "Quítenles a sus mujeres los aretes de oro, y también a sus hijos e hijas, y tráiganmelos." Todos los israelitas se quitaron los aretes de oro que llevaban puestos, y se los llevaron a Aarón, quien los recibió y los fundió; luego cinceló el oro fundido e hizo un ídolo en forma de becerro. Entonces exclamó el pueblo: "Israel, ¡aquí tienes a tu dios que te sacó de Egipto!"

Éxodo 32:1-4

¡Apenas podía creer lo que estaba oyendo! Una joven llamada Elena, próxima a casarse, me dijo: "Tengo que admitir que no estoy furiosamente enamorada de William. De hecho, realmente no lo amo; ni siquiera estoy segura de que me guste".

"¿Entonces, por qué, en nombre del Cielo, quieres casarte con él?", le pregunté. "Bueno, mire, tengo 27 años. Mi reloj biológico está avanzando, y quiero tener hijos. No estoy muy contenta con mi carrera y no encuentro mejores ofertas. Además William está disponible. Quién sabe lo que podría suceder si lo corto."

"Ten cuidado", le dije. "Estás esculpiendo un becerro de oro".

Una de las grandes batallas de la vida consiste en rechazar las soluciones fáciles a nuestros problemas. Estamos tan desesperados por superar nuestros temores y frustraciones que probaríamos cualquier remedio aunque sepamos que no es la respuesta a nuestras necesidades reales. El relato del becerro de oro es una advertencia contra las soluciones fáciles.

Dios había librado al pueblo de Israel de la esclavitud de Egipto y la nueva nación estableció una alianza con Él. Dios llamó a Moisés a lo alto del Monte Sinaí para entregarle las leyes de esta alianza. Los israelitas, acampados en las faldas del monte, se impacientaron esperando a Moisés, y le pidieron a Aarón, hermano de Moisés, que les fabricara un dios. Y Aarón fundió las joyas e hizo un becerro para satisfacerlos.

Cuando leemos este relato, nos quedamos asombrados. ¡Cómo pudo ser tan estúpido el pueblo de Israel! Ellos debieron saber que era ridículo tratar de reemplazar a Dios con un pedazo de metal fundido. ¿Pensaban realmente que eso era la respuesta a sus necesidades? Y, ¿por qué accedió Aarón tan fácilmente a las demandas de la muchedumbre? Debió sospechar que las consecuencias serían desastrosas. Es una cuestión muy obvia.

Pero, ¿lo es? Considere con qué exactitud describe este relato a la naturaleza humana. ¿Cuántas veces no nos hemos comportado como los israelitas en el desierto, cuando enfrentamos crisis que nos hacen sentir perdidos y solitarios? En esos momentos somos muy vulnerables. El primer impulso es buscar siempre alguna solución inmediata, aunque sospechemos que no traerá nada bueno.

Así debe haberse sentido el pueblo de Israel, solitario y sin su entrañable líder. Ellos estaban desesperados por resolver sus abrumadores problemas. Cualquier solución, incluso a riesgo de provocar un desastre total, parecía mejor que seguir con la misma situación.

Como Aarón, a menudo nos rendimos y optamos por cualquier arreglo que nos ofrezca algún alivio. Esta "solución del becerro de oro" puede ser un matrimonio de conveniencia como el que planeaba Elena. También puede significar comprometerse con una profesión o con las drogas y el alcohol. Pero sea lo que sea, sabemos, muy en el fondo, que hemos elegido rendir culto aun dios falso porque necesitamos una salida tangible e inmediata.

Más adelante, la historia del becerro de oro nos muestra las desastrosas consecuencias de seguir este impulso. Dios se enfureció y trató de abandonar a su nueva nación. Moisés estaba tan enojado que rompió en pedazos las tablas que contenían la nueva ley. Sólo gracias a una terrible retribución se pudo purgar el error de los israelitas.

El mensaje es evidente. Las soluciones fáciles y temporales muy a menudo provocan un desastre que empeora la dificultad original.

El relato nos muestra que la paciencia es la cualidad más valiosa en tiempos de crisis. Mientras que las soluciones fáciles pueden parecer como el becerro de oro: maravillosas al principio pero, a la larga, traen consigo muchas dificultades.

La paciencia no necesariamente significa inactividad. Nos da tiempo para descubrir más sobre el problema y sobre uno mismo. Elena descubrió que necesitaba más tiempo para conocer mejor a William, y para aprender más acerca de lo que quería del matrimonio y de su carrera. Exploró su relación más a fondo y se dio cuenta de que la paciencia la había salvado de un desastroso matrimonio, pues era una "solución del becerro de oro".

Aprenda a enfrentar sus culpas

No juzguen a nadie, para que nadie los juzgue a ustedes. Porque tal como juzguen se les juzgará, y con la medida que midan a otros, se les medirá a ustedes. »¿Por qué te fijas en la astilla que tiene tu hermano en el ojo, y no le das importancia a la viga que está en el tuyo? ¿Cómo puedes decirle a tu hermano: "Déjame sacarte la astilla del ojo", cuando ahí tienes una viga en el tuyo?

Mateo 7:1-4

Cuando Robert entró al restaurante, inmediatamente me di cuenta que estaba de mal genio. El había estado así las últimas dos semanas, desde que perdió un ansiado ascenso. Se sentó junto a mí y comenzó a quejarse: "Hoy todo anda mal. Mi jefe está enojado. Mi esposa salió encolerizada esta mañana sin despedirse siquiera. Hasta el cajero de la tienda de abarrotes se puso insolente. ¿Qué le pasa a la gente? Creo que el mundo está jodido. Nadie se preocupa de nadie. Quisiera empacar mis cosas y largarme a alguna isla desierta."

Por supuesto, Robert necesitaba una fuerte sacudida. Le cité las palabras de Jesús, del Evangelio de Mateo, acerca de la paja y la viga.

"¿Quieres decir que todo esto es culpa mía?", dijo Robert. Ahora estaba enojado conmigo, pero me permitió ofrecerle una explicación.

Le dije que generalmente leemos esa parte como una advertencia ética. Jesús dice que antes de culpar a alguien nos aseguremos de no ser igualmente culpables.

En otro nivel, sin embargo, también nos da un saludable consejo. Jesús señala, de manera gentil, el modo en que cada uno puede usar sus sentimientos negativos contra los demás como un medio de autocomprensión. El Hijo de Dios nos advierte contra lo que los psicólogos llaman proyección. De la misma forma que una cámara de cine proyecta las imágenes en una pantalla, los psicólogos afirman que proyectamos nuestras propias actitudes e ideas en la gente y en todo lo que hay a nuestro alrededor. Si creemos que el mundo es triste, miserable y desdichado, probablemente se debe a que así es como nos sentimos nosotros mismos. Cristo no pensó en el mecanismo de las cámaras de cine, pero sí en el modo de obrar de la mente humana. Por eso nos alerta contra la posibilidad de proyectar nuestras emociones negativas en los demás y nos advierte que las fallas que vemos en otros, podrían ser un reflejo de nuestros propios problemas.

La proyección es en realidad la manera en que evitamos someternos a emociones dolorosas que no queremos reconocer. En lugar de eso, preferimos creer que son otros los que las padecen. Es perturbador admitir nuestros problemas, y mucho más cómodo, por lo tanto, culpar a los demás.

Jesús insiste, con tonos dramáticos, en que esta forma de vivir no es saludable ni productiva, y nos da el secreto para convertir las proyecciones destructivas en una fuerza curativa para el mundo y para nosotros mismos. El Hijo de Dios nos pide que volvamos la atención a nuestros sentimientos interiores y nos muestra que cuando proyectamos al mundo estas emociones y actitudes olvidamos que éstas nos pertenecen. Si queremos dominar la proyecciones negativas, debemos reconocer que nosotros las proyectamos. Son la "viga" en nuestro propio ojo.

Una buena forma de entender esto es poniendo atención a esos momentos en que sus emociones son muy negativas. Vigile sus pensamientos, por ejemplo, cuando se enoje con alguien. Pregúntese a sí mismo si le está atribuyendo motivos que tal vez él no tenga. Recuerde, usted no puede leer la mente de los demás. Quizá los sentimientos negativos que percibe en ellos se desprenden, en realidad, de usted.

Una clara señal de proyección es cuando se hacen generalizaciones que resultan falsas. Si usted piensa: "Nadie me quiere" o "Todos son egoístas", puede estar seguro de que se está proyectando.

Una vez que aprendemos a reconocer las proyecciones, Jesús nos pide que dirijamos la atención al mundo interior. Hacer uso de las proyecciones es una forma de curarse de ellas. Si la proyección es en realidad una manera de evitar o esconder los sentimientos conflictivos (y lo es), entonces admitir que nos sentimos tristes o desdichados es el comienzo del proceso curativo.

Admita sus sentimientos y podrá usar el poder que reside en su interior para cambiarlos. Usted tal vez no pueda controlar los acontecimientos pero sí su manera de reaccionar a ellos.

Cómo evitar la repetición de sus errores

Mientras tanto, Pedro estaba sentado afuera, en el patio, y una criada se le acercó. "Tú también estabas con Jesús de Galilea", le dijo. Pero él lo negó delante de todos, diciendo: "No sé de qué estás hablando." Luego salió a la puerta, donde otra criada lo vio y dijo a los que estaban allí: "Este estaba con Jesús de Nazaret." Él lo volvió a negar, jurándoles: "¡A ese hombre ni lo conozco!" Poco después se acercaron a Pedro los que estaban allí y le dijeron: "Seguro que eres uno de ellos; se te nota por tu acento." Y comenzó a echarse maldiciones, y les juró: "¡A ese hombre ni lo conozco!" En ese instante cantó un gallo. Entonces Pedro se acordó de lo que Jesús había dicho: "Antes de que cante el gallo, me negarás tres veces." Y saliendo de allí, lloró amargamente.

Mateo 26:69-75

¿Está usted siempre resolviendo, una y otra vez, los mismos problemas? ¿Decide que nunca se verá envuelto en algún miserable enredo, y de pronto descubre que está metido en él otra vez, con otras personas y en otro lugar, pero el problema es exactamente el mismo?

Casi todos están familiarizados con este frustrante fenómeno. Los problemas más graves tienden a repetirse toda la vida. Las circunstancias externas pueden cambiar, pero la cuestión siempre es la misma.

Scott, un profesionista de mediana edad, generalmente tiene relaciones amistosas desafortunadas. "Siempre encuentro gente que se aprovecha de mí", dice. "Siempre soy el que hace la limpieza después de una fiesta. Siempre pago la cuenta cuando alguien olvida la cartera, y a mí nadie me invita. Bueno, con decirle que cuando era un chiquillo estuve a punto de ser arrestado porque un supuesto amigo rompió la ventanilla de un coche y dejó que me culparan del hecho. Toda la vida he tenido malas amistades. Trato de tener cuidado, pero siempre termino cargando con todo."

Le dije a Scott que la cólera y la frustración que él sentía eran un buen signo. Eso era un paso hacia la resolución de sus problemas. Sólo necesitaba un poco más de introspección y le sugerí que el relato de la negación de Pedro podía proporcionarle perspectivas más amplias.

Jesús conocía tanto la fortaleza como los puntos débiles de sus discípulos. Pedro era resuelto y valeroso, pero se desplomó en un momento de tensión y ansiedad. Cristo sabía que su inminente arresto y confrontación con las autoridades romanas serían una prueba muy severa para Pedro. Este necesitaba darse cuenta de su debilidad y superarla si quería convertirse en el líder de la naciente Iglesia.

El método terapéutico de Jesús consistía en que Pedro viera por sí mismo que este comportamiento negativo era habitual. Ya antes (Mateo 26:31-35) Cristo le había advertido que su conducta podría ser como un eco del pasado. Había ocurrido antes, y ocurriría otra vez, a menos que se esforzara en cambiar. Pedro tenía que reconocer sus fallas si quería mejorarse a sí mismo.

Un primer paso crucial en la curación de nuestros modelos autodestructivos es reconocer que tenemos problemas. También es importante darnos cuenta del daño que esta conducta provoca en aquellos que amamos y en nosotros mismos.

Scott había dado el primer paso. Vio con claridad cómo, una y otra vez, escogía amistades insensibles que sólo lo dejaban insatisfecho y lo hacían sentir miserable. Sabía que necesitaba un cambio.

Preparar a Pedro fue el siguiente paso terapéutico del Señor. Le advirtió que se mostraría débil una vez más, antes del amanecer. Jesús sabía que esta advertencia no evitaría que Pedro se desmoronara bajo la tensión de la próxima prueba. Sin embargo, sabía que iba a provocar una transformación interna que daría fortaleza a Pedro para su responsabilidad futura.

Todos necesitamos pasar por lo mismo. No importa cuán seriamente nos prometamos no repetir los errores una vez más; esto difícilmente funciona. Muchas veces nos engañamos pensando que hemos solucionado un problema, cuando en realidad lo único que hacemos es ocultarlo, y surge cuando menos lo esperamos. Pero si estamos preparados, podemos encarar la situación de manera efectiva.

El truco consiste en vigilar estrechamente cuando se repita el asunto; observar lo que pasa en nuestro interior y a nuestro alrededor. Debemos poner atención a nuestras emociones y preguntarnos qué es lo que hace aparecer este patrón de conducta. ¿De qué manera nuestras reacciones nos meten en problemas? ¿Cómo podemos actuar para obtener resultados más saludables?

Debido a la advertencia de Jesús, Pedro vio claramente que negar a su amigo y maestro formaba parte de su forma usual de actuar. Al final, lloró angustiosamente. El llanto demuestra que estaba totalmente curado. Entonces supo que nunca caería en la trampa otra vez. Comprender su gran debilidad lo fortaleció y nunca más lo olvidaría. Cuando discutí con Scott los detalles de su problema, se dio cuenta cómo él mismo propiciaba que lo explotaran. Así que se preparó para observar lo que ocurría cuando estaba con sus amigos.

Muy pronto notó que él mismo alentaba que se aprovecharan de él por lo que decía y por la manera en que se comportaba. Con el tiempo, aprendió a zanjar el problema antes de que se presentara. Como Pedro, Scott desarrolló una saludable introspección que le sería útil el resto de su vida.

Ignorar los problemas no los resuelve

Cuando Pilato vio que no conseguía nada, sino que más bien se estaba formando un tumulto, pidió agua y se lavó las manos delante de la gente. "Soy inocente de la sangre de este hombre." "¡Que su sangre caiga sobre nosotros y sobre nuestros hijos!", contestó todo el pueblo. Entonces les soltó a Barrabás; pero a Jesús lo mandó azotar, y lo entregó para que lo crucificaran.

Mateo 27:24-26

Hace algunos años visité a Sam, un amigo de los tiempos escolares. Me alojé en su casa por algunos días durante un viaje de negocios. Gracias a esa visita, me di cuenta que Sam se había convertido en un alcohólico. De las ocasionales borracheras de otros tiempos, había pasado a depender diariamente de la bebida. Su esposa me pidió ayuda y consejo con lágrimas en los ojos. Ella estaba a punto de abandonarlo. Yo sabía que me arriesgaba a provocar la cólera de mi amigo por inmiscuirme en sus asuntos, pero tenía que hacer algo para ayudarlo.

"¿Lo has notado?", me preguntó. "En realidad tengo todo bajo control, ¿sabes? No permito que interfiera con mi trabajo. A Marge no le molesta. Ni siquiera hablamos de ello. Me pongo una buena de vez en cuando. Pero, bueno, ¿quién no lo hace? ¿A quién le perjudican unos cuantos tragos? No estoy haciendo daño a nadie."

Yo le contesté que sólo se estaba engañando a sí mismo. El y su familia necesitaban ayuda y, en lugar de buscarla, se estaba lavando las manos como Pilato. Me di cuenta que se había enojado, pero la mención de Pilato despertó su curiosidad.

Cuando Pilato se encaró con Jesús, el gobernador romano se encontraba en medio de una explosiva controversia. A las puertas de su palacio había una chusma encolerizada, unida por los desafíos que Jesús introdujera en sus vidas. La esposa de Pilato le había advertido a este que no intentara nada contra Jesús porque, gracias a un sueño, sabía que era inocente. El gobernador romano no vio nada peligroso en el Mesías. De hecho, pensó que era un hombre fascinante, un sabio incluso.

Sin embargo, Jesús no hizo nada para librarse de las acusaciones que le hacían, y la muchedumbre rehusó aceptar la artimaña de Pilato: elegir la liberación de Jesús o la de un asesino brutal. Pilato era responsable de mantener la paz y gobernar una pequeña colonia romana y se vio obligado a resolver el problema.

Optó por el camino fácil. Aparentando tener la situación bajo su control, eludió toda responsabilidad por lo que sucediera. Su excusa fue que no deseaba causar más penalidades al torturado pueblo. El precio de tal estabilidad fue la ejecución de un inocente. Pilato se lavó las manos del asunto.

Como Pilato, al enfrentar dolores y conflictos uno tiende a ocultar el problema y a tranquilizar a todos. Pretendemos que las cosas no pueden cambiar y asumimos que nada mejorará la situación. De esa manera obtenemos una calma temporal y soluciones pasajeras pero, al final, evadir el problema es malo para todos.

Sam sabía que sus dificultades con el alcohol estaban destruyendo a su familia. Sabía que era vergonzoso para sus hijos y su esposa que se emborrachara en las fiestas o cuando tenían invitados en casa. Y que sus hijos estaban asustados y su esposa fastidiada. A pesar de todo, él simplemente se lavó las manos. Creyéndose inocente, se convenció a sí mismo de que no perjudicaba a nadie. En su interior, Sam creó el mito de una familia estable, pero, en realidad, ésta se desintegraba.

El pasaje sobre Pilato demuestra que la estabilidad, cuando se sostiene sobre bases ilusorias, es frágil y efímera. La decisión de Pilato acalló a la muchedumbre, pero sabemos que no por mucho tiempo. La gente se rebeló abiertamente unas décadas más tarde. Los seguidores de Jesucristo finalmente se hicieron tan poderosos que derrotaron al imperio que sostenía a Pilato.

En el caso de Sam, la fachada se agrietaba. El estaba a punto de perder a sus seres amados y al negocio que tanto esfuerzo le había costado levantar. La pérdida no era inevitable pero, al lavarse las manos del conflicto, mostraba un deseo de anteponer las falsas apariencias a la resolución de los problemas.

En el relato de Mateo encontramos una respuesta curativa a las dificultades de Sam. Hay que recordar que Pilato tenía poder sobre el ejército romano en su distrito. Pudo haber enfrentado a la multitud para actuar con justicia. Pudo haber liberado a Jesús mediante fundamentos legales.

El Mesías era inocente y Pilato lo sabía. Pero se lavó las manos en un acto de debilidad y capituló ante el populacho. La Biblia nos asegura que tenemos el poder de superar todos los problemas. El camino puede ser difícil porque requiere enfrentar la realidad y reconocer el papel que jugamos en la felicidad de los que amamos. Pero, al final, es el único camino.

Sam tenía los recursos necesarios. Su familia todavía lo amaba y deseaba apoyarlo, así que entró a un programa de rehabilitación y se unió a un grupo de Alcohólicos Anónimos. Finalmente, se dio cuenta de que lavarse las manos sólo empeoraba los problemas, y usó su poder para enfrentarse a la situación real y transformarla.

Defienda sus derechos

"Señor, yo nunca me he distinguido por mi facilidad de palabra", objetó Moisés. "Y esto no es algo que haya comenzado ayer ni anteayer, ni hoy que te diriges a este servidor tuyo. Francamente, me cuesta mucho trabajo hablar". "¿Y quién le puso la boca al hombre?", le respondió el Señor, "¿acaso no soy yo, el Señor, quien lo hace sordo o mudo, quien le da la vista o se la quita? Anda, ponte en marcha, que yo te ayudaré a hablar y te diré lo que debas decir." "Señor", insistió Moisés, "te ruego que envíes a alguna otra persona".

Éxodo 4:10-13

Llamé a Eva apenas supe que habían llevado a su esposo al hospital. Su voz denotaba la preocupación que sentía. "No creo que Fred reciba la atención y el cuidado que necesita", me dijo. "El doctor parece tan ocupado que, a veces, siento que me ignora. Desearía que me explicara lo que tiene mi esposo para poder tomar las decisiones correctas, pero ni siquiera sé qué preguntar. No quiero parecer estúpida, pero ellos saben tanto y me siento tan inútil a cada paso. Creo que he actuado de modo irracional".

Me ofrecí para llevar a Eva al hospital esa noche. Obviamente, estaba intimidada con los médicos, pero también era importante que se condujera con firmeza tanto por su esposo como por ella misma, aunque la atmósfera de la clínica y las ropas blancas la trastornaban.

Si alguna vez se encuentra en una situación semejante, piense en Moisés cuando fue llamado por el Señor. Moisés sabía que había sido elegido para liberar a su pueblo de la opresión del faraón egipcio. Pero quiso eludir la tarea y pidió a Dios que enviara a otro en su lugar. Sabemos cómo se sentía. Todos eludimos las confrontaciones y, aunque estemos en nuestro derecho, preferimos ser maltratados que enfrentar los conflictos.

En el relato bíblico, Moisés aprendió a defenderse a sí mismo y a su pueblo de la fuerza del imperio egipcio. Podemos aplicar la misma lección en nuestras vidas. En primer lugar, la Biblia nos enseña a estar seguros de la causa. Antes de la confrontación, revise el caso por unos momentos. Tenga confianza en que pelea por una causa justa. Moisés fue capaz de desafiar a los legisladores egipcios porque sabía que la opresión que sufría el pueblo de Dios era injusta, y eso le dio la fuerza necesaria para salir victorioso.

En segundo lugar, la Biblia nos enseña a confiar en nuestros recursos internos. Moisés se quejaba de no ser tan elocuente como para hablar en la sala real. Pero Dios conocía las limitaciones de Moisés y le garantizó que él y su hermano sabrían qué decir en el momento oportuno. Tenemos más recursos de los que imaginamos. De hecho, a menudo nos sorprende lo bien que reaccionamos ante los retos. Dios nunca nos pide enfrentar situaciones que no podamos manejar.

En tercer lugar, sea simple y directo. Las palabras de Moisés al faraón son exquisitas. No necesitamos preparación académica para entenderlas: "Deja ir a mi pueblo".

Esta petición de justicia y libertad ha movido a generaciones de oprimidos a defenderse contra todos los pronósticos. Recuerde esta lección en sus propias discusiones: la comunicación más efectiva es franca y sencilla. Diga lo que quiera y lo que necesita. Su mensaje será escuchado si hay convicción en sus palabras.

Finalmente, la Biblia nos demuestra que debemos hablar por nosotros mismos. No podemos depender de otros para pelear nuestras propias batallas. Dios rechaza el ruego que Moisés le dirige. No porque no hubiera nadie para tomar su lugar, sino porque Dios sabía que el enfrentamiento era importante para Moisés y para el pueblo. No sólo liberaría a los israelitas de la opresión, también iba a transformar a Moisés. Hay que recordar que él era sólo un granjero atemorizado que, al final, se convirtió en uno de los más grandes líderes del mundo. El mensaje que encierra el relato es que al defendernos por nosotros mismos podemos alcanzar una fuerza interior que no seríamos capaces de obtener de ninguna otra manera.

Eva aprendió la lección. Discutimos el relato de Moisés y le recordé que tenía el derecho de conocer cada detalle del tratamiento. Esa misma noche, ella hizo preguntas a todos lo que habían tratado a su esposo, e insistió en conocer las respuestas que necesitaba. Al final de esa noche extenuante, se sintió capaz de decidir lo que más convenía. Como Moisés, ella había insistido en sus derechos, y estaba satisfecha de haber hecho las cosas correctas.

Encuentre su identidad verdadera

De pronto la hija del faraón vio la cesta entre los juncos, y ordenó a una
de sus esclavas que fuera por ella. Cuando la hija del faraón abrió la
cesta y vio allí dentro un niño que lloraba, le tuvo compasión, pero
aclaró que se trataba de un niño hebreo. La hermana del niño
preguntó entonces a la hija del faraón: "¿Quiere usted que
vaya y llame a una nodriza hebrea, para que críe al niño
por usted?" "Ve a llamarla", contestó. La muchacha
fue y trajo a la madre del niño, y la hija del faraón
le dijo: "Llévate a este niño y críamelo. Yo te
pagaré por hacerlo". Fue así como la madre
del niño se lo llevó y lo crió. Ya crecido
el niño, se lo llevó a la hija del faraón,
y ella lo adoptó como hijo suyo;
además, le puso por nombre
Moisés, pues dijo: "¡Yo lo
saqué del río!"

Éxodo 2:1-10

¿Quién soy yo, realmente? Esta puede parecer una frase sin sentido pero, a menos que encontremos la respuesta —obtener un sentido de identidad—, estamos perdidos y sin dirección. Robert, un joven y exitoso corredor de bolsa, es un ejemplo de lo que puede suceder sin este paso crucial en nuestro desarrollo. Sus padres se divorciaron y volvieron a casarse cada cual por su lado. Robert vivía un tiempo con su madre y otro con su padre. Las dos familias eran muy diferentes en estilo de vida, perspectivas culturales y credo religioso. Al crecer, Robert se sintió dividido entre las creencias religiosas conservadoras de su madre, por una parte, y las más ligeras y llamativas de su padre, por la otra. Cuando se estableció por su cuenta, se sumergió en el trabajo. De esa manera evitaba pensar en los conflictos que bullían en su interior.

Por la época en que cumplió 35 años, se dio cuenta de que echaba de menos algo esencial en su vida: "Quiero saber quién soy y por qué estoy aquí. No me siento satisfecho de identificarme únicamente con el trabajo. Ciertamente, no estoy aquí sólo para coleccionar autos y yates. Quiero encontrarle sentido a mi vida, pero, ¿cómo puedo hacerlo? Una parte de mí ansía volver a la religión, pero otra parte desea abandonar el trabajo y aventurarse en alguna selva sudamericana".

El pasaje de Moisés en los juncos nos da idea de cómo superar una crisis como la de Robert.

Ningún personaje en la Biblia se enfrentó, como Moisés, a tantos problemas para decidir su identidad y su lugar en el mundo. Las dificultades comenzaron en su infancia. Temiendo la matanza de primogénitos hebreos que los asesinos egipcios llevaban a cabo, su madre puso a Moisés en una canasta de carrizo y lo llevó al río Nilo, cuando tenía apenas tres meses de edad. La hija del faraón lo encontró y lo crió como si fuera su hijo.

Hoy en día tenemos algunos puntos de referencia semejantes en nuestras vidas, así que la experiencia de Moisés (llevado sin rumbo por la corriente del río, adoptado por una extraña y criado lejos de su familia) tiene un aire familiar. Nuestro moderno estilo de vida a menudo nos aleja del hogar y de los amigos, y nos lleva a nuevas culturas con las que no nos identificamos ni sentimos como nuestras. Nos enfrentamos con tantas alternativas que difícilmente podemos encontrar razones para elegir una identidad sobre otra. Muchos de mis estudiantes tienen ese problema al superar la adolescencia. A menudo cometen dolorosos errores antes de encontrar su propio camino. Al igual que Moisés, se sienten a la deriva, con muy poco control sobre el lugar en que están situados y sin saber lo que va a pasar con ellos.

Pero nadie termina jamás de construir su identidad. Periódicamente, pueden asaltarnos serias dudas acerca del estilo de vida que elegimos y la clase de persona que hemos llegado a ser. A veces, esta preocupación es tan intensa que nos vemos obligados a dejarla de lado y a hacer un inventario de nuestras metas. Cuando prevalecen las dudas y los temores, caemos en lo que los psicólogos llaman una "crisis de identidad".

Pero, ¿cómo superar estas crisis? ¿Qué fuerza permanece firme y con sentido suficiente para servir de guía en un mundo en el que todo cambia tan rápido? Moisés es un modelo. Él, un hebreo, fue criado como hijo de la princesa egipcia. Pero estaba enterado de sus raíces, y conocía el sufrimiento y la opresión que afligían a su verdadero pueblo materno. Probablemente se sintió desgarrado entre la cólera por el dolor de su pueblo y el amor por su madre adoptiva. Su ira se expresó violentamente al descubrir a un capataz egipcio golpeando a un esclavo hebreo. Moisés atacó al egipcio y lo mató. Eso marcó su destino. Ya no podría permanecer en la casa del faraón.

Al igual que Moisés, a menudo experimentamos ira y frustración por no saber qué camino tomar. Nos sentimos insatisfechos con la vida que hemos vivido, pero la alternativa es incierta y oscura. Sentimos como si fuésemos dos personas distintas. Una elige una cosa, la otra decide algo diferente. A veces, también estallamos encolerizados y luego tenemos que pagar las consecuencias.

Después de ese acto de violencia Moisés huyó al exilio, pero no pudo eludir el conflicto interno. Su crisis se resolvió cuando Dios le habló en la zarza ardiente y le pidió que liberara al pueblo hebreo. Aunque se resistía, finalmente Moisés se dio cuenta de que su identidad se cimentaba al aceptar la misión aparentemente imposible que Dios le había asignado.

Por supuesto, no podemos esperar recibir un mensaje directo de Dios en la misma forma, pero el relato nos sugiere la manera de tratar nuestros problemas básicos.

Gracias al mensaje de Dios, Moisés encontró un sentido y una obligación como liberador de su pueblo. En un mundo en el que la identidad es a menudo una cuestión de prestigio o riqueza, podría parecer extraño creer que la identidad se encuentra en el servicio a los demás, pero suele ocurrir así.

A veces hay crisis de identidad por el tiempo y el esfuerzo que se dedican a tareas y metas que han perdido su importancia. Tenemos toda la comodidad y la seguridad que el éxito brinda, ¿ahora qué? Podríamos encontrar la respuesta a esta pregunta dejando de lado las preocupaciones privadas para advertir los problemas que azotan al mundo. Como Moisés, encontraremos mucha gente desesperada que necesita ayuda. Podríamos renovar la escala de valores y encontrar nuestra verdadera identidad al responder a ese llamado.

GLORIFIQUE SUS DONES

Cómo hacer un buen uso de sus dones y cualidades

Después llegó el que había recibido sólo mil monedas. "Señor, yo sabía que usted es un hombre duro, que cosecha donde no ha sembrado y recoge donde no ha esparcido. Así que tuve miedo, y fui y escondí su dinero en la tierra. Mire, aquí tiene lo que es suyo." Pero su señor le contestó: "¡Siervo malo y perezoso! ¿Así que sabías que cosecho donde no he sembrado y recojo donde no he esparcido? Pues debías haber depositado mi dinero en el banco, para que a mi regreso lo hubiera recibido con intereses. "Quítenle las mil monedas y dénselas al que tiene las diez mil. Porque a todo el que tiene, se le dará más, y tendrá en abundancia. Al que no tiene se le quitará hasta lo que tiene.

Mateo 25:24-29

A veces nos sorprenden algunas parábolas de Jesús porque retratan situaciones que parecen paradójicas, injustas y hasta crueles. Pero, a menudo, contienen lecciones muy poderosas. Es una gentil forma de llamamos la atención. El quiere asegurarse de que no perdamos el mensaje real contenido en ellas.

La parábola de los talentos es un asombroso ejemplo pues, mediante ella, el Señor ofrece la solución a un problema que todos enfrentamos: cómo dar el mejor uso posible a los diversos recursos internos que recibimos en esta vida. Y esto no se refiere sólo a nuestra existencia espiritual; también nos muestra cómo utilizar los diversos dones para vivir productiva y saludablemente sobre la tierra.

Desde el principio, la parábola tiene un aire de extravagancia. Un maestro confía grandes sumas de dinero a sus sirvientes, lo cual es un símbolo de los dones y recursos que poseemos como ayuda a través de la vida. Pero la distribución del relato parece injusta. Algunos recibieron más que otros. ¿Por qué no da el maestro la misma cantidad a cada siervo? ¿Puede ser así de injusto el Maestro del Reino de los Cielos?

Ciertamente, Jesús no piensa así. Simplemente, nos está mostrando una sencilla aunque decepcionante verdad de la vida: algunos tienen más cualidades que otros. Algunos son más brillantes, más enérgicos, más dotados para las artes; otros tienen más dinero o mejores relaciones en los negocios. Esto puede parecer injusto, pero Jesús es realista. Nunca intenta "doramos la píldora", ni pretende que el mundo sea mejor de lo que no es.

Tal como se muestra en la parábola, el maestro emprende un viaje y deja a sus siervos en libertad para que hagan lo que les plazca con el dinero. Esta es una lección acerca de responsabilidad. Cuando somos niños nuestros padres nos cuidan, nos llevan a la escuela, nos alimentan y nos mantienen libres de problemas. Pero como adultos, debemos responsabilizarnos de nuestras propias vidas. Somos responsables del modo en que usamos los recursos que poseemos.

El maestro no da instrucciones específicas a sus sirvientes sobre lo que deben hacer con el dinero. Otra aparente injusticia. ¿Por qué no lo hace? Seguramente sabía que el siervo menor no era tan hábil como los otros. ¿Por qué no le puso especial atención, dándole una pequeña guía?

Por supuesto, esto es algo que todos deseamos en los momentos de debilidad. A veces uno se siente tan solo, abandonado e inseguro que quisiera tener un maestro que le enseñe a tomar decisiones más acertadas, y la forma de vivir correctamente.

Pero, una vez más, el Señor se muestra realista. Hemos recibido la libertad para elegir y, a menudo, hay que tomar importantes decisiones de cara a la incertidumbre. Es posible encontrar a alguien que quiera asumir el papel de padre y nos diga qué hacer pero, a fin de cuentas, uno debe responsabilizarse de sus propias decisiones.

Nos agrada pensar que podríamos conducirnos igual que el fiel y sabio sirviente, pero la mayoría sabemos muy bien que somos más parecidos al sirviente tonto. Cada uno tiene sus propias habilidades y recursos y muy pocos sabemos hacer el mejor uso de ellos. Es más fácil lamentarse por cuán poco tiempo, dinero o talento tenemos a nuestra disposición. Es preferible complacerse en la idea de "si tan sólo tuviera más tiempo... Si tan sólo tuviera más dinero... Si tan sólo fuera mejor parecido... Si tan sólo encontrara alguien que me ame realmente".

Una importante lección de la parábola es que es necesario abandonar esta actitud, pues no es sino una forma de ocultar nuestra vacuidad. Jesús nos dice que el siervo tonto no desarrolló sus recursos a causa del temor. Así, Él nos pide que busquemos en nuestro interior los verdaderos motivos. Es usual que uno fracase precisamente por el temor a fracasar, a hacer el ridículo y a no cumplir con las expectativas de los demás.

Por supuesto, uno desearía que el maestro se mostrara más compasivo, que apaciguara el temor del siervo tonto y excusara su error; después de todo, a veces el mundo es tan terrible. Pero, nuevamente, Jesús nos vuelve a la realidad. No hay nada, ni siquiera el temor, que disculpe el no vivir la vida al máximo. Una vez que las oportunidades pasan, se han ido para siempre.

Jesús condena ese sutil pero grave error que aflige a todos: vivir una vida incompleta. Somos tan adictos a la seguridad y a eludir los riesgos que difícilmente llegamos a sentir la felicidad y el gozo en toda su plenitud. El Señor condena de manera muy firme esta situación porque sabe cuán extendida se encuentra.

Y sin embargo, es posible superarla. El truco está en comprender y reconocer las ocasiones en que actuamos como el siervo tonto. Debemos desterrar de la mente toda insinuación de "si tan sólo... ", y no permitir que el miedo y la inseguridad entorpezcan la búsqueda del amor y la realización personal, pues de otra manera caeríamos en una profunda desesperación.

En la conclusión de la parábola, Jesús parece recibir un mundo vuelto al revés. El dice que a quien tenga, le será dado más y a quien no tenga nada, aun lo poco que tenga le será quitado. Si el Señor hablara de la situación económica, sería una terrible injusticia. Pero fundamentalmente, está llenando las realidades de la vida espiritual. Mientras más arriesguemos abriéndonos a la vida, más gozo y felicidad podremos obtener. Si das amor, recibes más amor en recompensa.

Es necesario seguir el ejemplo del siervo fiel y buscar lo mejor de la vida sin dar mucha importancia a las limitaciones personales. No podemos darnos el lujo de huirle a la vida y desperdiciar nuestros dones.

Usted puede ser creativo

Dios, en el principio, creó los cielos y la tierra. La tierra era un caos total, las tinieblas cubrían el abismo, y el Espíritu de Dios iba y venía sobre la superficie de las aguas. Y dijo Dios: "¡Que exista la luz!" Y la luz llegó a existir. Dios consideró que la luz era buena y la separó de las tinieblas. A la luz la llamó *día*, y a las tinieblas, *noche*. Y vino la noche, y llegó la mañana: ése fue el primer día.

Génesis 1:1-5

Dios quiere que encontremos el gozo y la felicidad en nuestras vidas. Pero a veces se requiere una gran creatividad para llevar a cabo lo que Él pide. Uno sabe que la creatividad significa no sólo poder pintar un cuadro o componer una ópera. En el sentido extenso de la palabra, creatividad es la respuesta a los cambios que ocurren en el mundo y en el interior de cada persona. Significa también adaptarse a las experiencias, buenas o malas, de la vida y aprender de ellas.

Dar un amoroso apoyo a los amigos o familiares, en momentos de apuro, puede hacernos tan creativos como a cualquier escritor o pintor al crear una obra maestra. La vida, vista como un todo, puede ser una obra de arte. Pero la vena creativa corre el riesgo de secarse al caer en la rutina, al perder la energía necesaria para ver el mundo con ojos nuevos, al observar con envidia cómo otros logran el éxito o luchan por desarrollar sus cualidades al máximo. Quisiéramos ser más creativos y recuperar la energía productiva que alguna vez tuvimos pero, ¿por dónde comenzar?

El Génesis confiere una gran riqueza de reflexiones acerca del proceso creativo, reflexiones que podemos aplicar en nuestra vida. El Génesis nos dice que Dios creó el universo de la nada y, al séptimo día, descansó. Pero, al seguir la lectura, nos encontramos con una sorpresa: el narrador comienza la historia una vez más.

Pero no es un error. El autor bíblico quiere decir con esto que, aunque Dios concluyó la fase inicial, el proceso de la creación no termina al sexto día. Continúa fuera y dentro de nosotros, y todos formamos parte del sorprendente proceso creativo.

La sensación de embotamiento y fastidio nos invade cuando no advertimos que la creación siempre está presente, y podemos comprobarlo cuando los niños juegan. Ellos son una fuente continua de innovación. Sus juegos y canciones parecen provenir de una infinita fuente de energía a la cual los adultos ya no tenemos acceso. Pero esa creatividad también está en nosotros, y sólo es necesario que nos abramos a ella.

En muchas ocasiones se piensa en la creación como en el acto de hacer surgir algo de la nada; pero ésta es una prerrogativa de Dios. Nuestra función consiste en mantener el contacto con el interminable movimiento que rige al universo. De esa manera se establece la unión íntima con el Divino Creador.

Los artistas dicen que a menudo, al crear sus obras, la inspiración les llega de algún lugar fuera de ellos mismos. Como los niños, los artistas no se esfuerzan —no podrían— en hacer algo de la nada. Por el contrario, se hacen a un lado —con sus temores y ansiedades— para que Dios pueda guiar sus poderes creativos. Esta es la clave de la creatividad para todos.

La creatividad se sostiene en el deseo de ser pacientes, de escuchar y observar lo maravilloso de la obra maestra de Dios, la cual se despliega en cada momento de nuestras vidas. Cada día está lleno de nuevos sonidos, olores y visiones. Los pensamientos y sensaciones que surgen a cada momento nos ofrecen nuevas oportunidades de comprender y expresar lo que somos. Si nos detenemos a observar la complejidad de la vida, podremos romper con la rutina por el simple hecho de advertir cuán maravillosamente nuevo y diferente es cada instante.

La creatividad de Dios tiene su propia y especial forma de energía — un fluido de calidez y bondad que nos vivifica. Es lo que sentimos en cada momento de felicidad. Dios desea que permanezcamos siempre abiertos a su gozo, como parte de su incesante creación.

Supere la inercia

Había entre los fariseos un dirigente de los judíos llamado Nicodemo. Éste fue de noche a visitar a Jesús. "Rabí", le dijo, "sabemos que eres un maestro que ha venido de parte de Dios, porque nadie podría hacer las señales que tú haces si Dios no estuviera con él". "De veras te aseguro que quien no nazca de nuevo no puede ver el reino de Dios", dijo Jesús. "¿Cómo puede uno nacer de nuevo siendo ya viejo?", preguntó Nicodemo. "¿Acaso puede entrar por segunda vez en el vientre de su madre y volver a nacer?". "Yo te aseguro que quien no nazca de agua y del Espíritu, no puede entrar en el reino de Dios", respondió Jesús, "lo que nace del cuerpo es cuerpo; lo que nace del Espíritu es espíritu. No te sorprendas de que te haya dicho: 'Tienen que nacer de nuevo'."

Juan 3:1-9

Hay algo en Nicodemo, el poderoso legislador del Evangelio de Juan, que nos hace querer sacudirlo y gritar: "¡Despierta!" Me recuerda a mi amigo Benjamín, un exitoso hombre de negocios recientemente divorciado. Conozco a Benjamín desde hace casi diez años, y siempre lo he visto profundamente insatisfecho de la vida. Él nunca pierde una oportunidad de contar a cualquiera que lo escuche lo miserable que se siente, y divaga por horas acerca de sus planes para cambiar la situación.

Pero, en el tiempo que llevamos de conocernos, nunca lo he visto hacer una sola cosa para convertir sus planes en realidad o para cambiar su vida de manera significativa. Siempre encuentra buenas razones para no cambiar: no tiene tiempo, necesita algún dinero en el banco... Sólo entonces dejará su trabajo y se convertirá en escritor. Pero, por supuesto, antes tiene que hacer algunas mejoras a su casa y pagar la hipoteca. Y quizá podría tomar uno o dos cursos como preparación para su nueva carrera. La lista nunca termina... y Benjamín nunca cambia.

Benjamín es un caso extremo, pero todos compartimos sus problemas en algún grado. La mayoría estamos insatisfechos con ciertos aspectos de nuestra vida, pero no nos atrevemos a transformar las cosas que es necesario cambiar. Anhelamos escapar de tediosas rutinas. ¡Ah! Si tan sólo tuviésemos el tiempo, la energía y los recursos. Si tan sólo no nos viésemos obligados a enfrentar los riesgos y pudiésemos estar seguros del éxito.

Nicodemo simboliza esa tendencia a la inercia. Él es un poderoso gobernante que viene a Jesús "por la noche". Siente que algo anda mal en su vida, así que da un tímido paso hacia la curación al reunirse con un líder espiritual. Busca un cambio, pero no desea comprometerse a ser visto en compañía del Maestro. Así que se esconde en la oscuridad de la noche.

La actitud de Nicodemo con Jesús es lisonjera. Es probable que alguien tan importante como él haya sido adulado la mayor parte de su vida, y espere manipular a Jesús de la misma manera, así que dice lo que piensa que el Hijo de Dios desea oír. Nicodemo espera alguna recompensa, naturalmente. Así es como funciona el poder.

Jesús, por supuesto, no tiene nada que ver con eso. El derrumba la fachada inmediatamente y va directo a la cuestión: el Reino de los Cielos. Sabe lo que Nicodemo necesita, mejor que Nicodemo mismo. Y sabe también que aquel no está listo para recibirlo. El legislador quiere una respuesta fácil y un camino cómodo para sacudirse la inercia; es decir, una confirmación de que está haciendo lo correcto y de que todo está bien.

En cierto sentido, podríamos simpatizar con esta actitud. Este hombre enfrenta un miserable dilema. Ha cubierto, al menos, algunas necesidades de su vida y ha logrado poder y prestigio. Probablemente, también tiene una cómoda situación financiera, pero su esfuerzo le ha costado. Para adquirir tal posición dejó de lado ese profundo sentido de realización que sólo se logra comprometiéndose con elevados ideales.

La respuesta de Jesús está dirigida a sacarlo de su complacencia. Cuando le dice a Nicodemo que debe nacer de nuevo para ver el Reino, el Hijo de Dios le ofrece una sana y terapéutica advertencia. Nicodemo necesita un cambio fundamental en sus conceptos de la vida; comenzar de nuevo y reflexionar sobre su vida entera. Cualquier otra cosa fallaría. Si realmente quiere escapar de la trampa de su aparentemente exitoso estilo de vida, debe comprometerse al máximo. Las actitudes chapuceras no resuelven nada.

Nicodemo, como Benjamín, rehúsa admitir la seriedad de los riesgos. Prefiere hacer sutilezas con las palabras de Jesús. "¿Puede acaso un hombre ya viejo entrar por segunda vez en el vientre de su madre?", dice.

Pero Jesús no lo esquiva. Sabe que Nicodemo, como la mayoría, desea asegurarse de que no habrá riesgos si decide cambiar su vida; quiere que haya un plan racional y estar seguro de que, si las cosas no funcionan, podrá volver a su antigua forma de vivir. Cambiar su vida sin sentir el temor y el desagrado que tal cambio implica.

Pacientemente, Jesús le explica la verdad. Nacer del Espíritu no significa una vida segura y confortable. Los cambios son reales, y no puedes saber con certeza cómo resultarán. Pero debes arriesgar la comodidad y la seguridad que el prestigio y el poder te otorgan, si honestamente quieres empezar otra vez.

No sabemos si el legislador aceptó el mensaje de Cristo. Sin embargo, nosotros sí podemos aprovechar esta sabiduría en nuestra propia batalla contra la inercia. Jesús nos enseña que podemos vencerla si nos olvidamos un poquito de la comodidad y la seguridad. Al igual que Benjamín y Nicodemo. sufrimos con paciencia algunas situaciones porque tenemos satisfechas algunas necesidades; pero la vida ofrece más que eso. Si enfrentamos el riesgo, podríamos encontrar que las recompensas de un nuevo comienzo exceden cualquier expectativa.

Una mirada fresca a la autoafirmación

Pero a ustedes que me escuchan les digo: Amen a sus enemigos, hagan bien a quienes los odian, bendigan a quienes los maldicen, oren por quienes los maltratan. Si alguien te pega en una mejilla, vuélvele también la otra. Si alguien te quita la camisa, no le impidas que se lleve también la capa. Dale a todo el que te pida, y si alguien se lleva lo que es tuyo, no se lo reclames. Traten a los demás tal y como quieren que ellos los traten a ustedes.

Lucas 6:27-31

Silvia, una amiga íntima de la familia, pasa mucho de su tiempo libre en seminarios y conferencias de psicología. También va regularmente a la iglesia y lee con avidez la Biblia. Una mañana, hace poco, me llamó para pedirme que la ayudara a solucionar la confusión y el conflicto que le habían provocado sus cursos y la lectura de la Biblia.

"En un seminario sobre afirmación, el líder del grupo habló de que un ego fuerte es un ego saludable", me dijo, "y de que debemos tener una clara visión de nuestro propio valor y orgullo. Nos dijo que debemos expresar nuestras metas y deseos con claridad, y esforzarnos por conseguir lo que queremos. Esto implica ser persistente y enérgico en nuestro trato con los demás", siguió diciendo. "Ahora estamos esforzándonos en desarrollar la autoestima y el poder para controlar nuestras vidas."

"Ajá" le dije concierta vacilación, "y, ¿cuál es el problema?"

"La Biblia dice todo lo contrario", replicó. "Dice que debemos ser dóciles y complacientes, que debemos poner la otra mejilla y amarnos los unos a los otros. Tú sostienes que la Biblia nos ofrece los mejores consejos psicológicos. Ahora ya no sé qué pensar."

Me hubiera resultado fácil ponerme petulante. Pude recordarle a Silvia que la Biblia ha sanado a la gente desde hace casi dos mil años, mientras que los seminarios sobre afirmación tienen en comparación poquísimo tiempo. Pero eso no habría resuelto el gran problema que este y semejantes pasajes bíblicos provocan en Silvia y en muchos otros.

Los consejos que Cristo nos da aquí parecen completamente imprácticos en esta época. El mundo es malo y desagradable. No podemos permitir que nadie se aproveche de nosotros. Necesitamos ser persistentes y agresivos para salir adelante con el paquete. Jesús parece pedirnos una actitud pasiva y sumisa. No sólo debemos comprometernos, también estamos obligados a ceder a las demandas de los demás, no importa cuán crueles o irracionales sean. Ni siquiera debemos resistir al mal. A primera vista, ésta parece la fórmula de una abyecta miseria personal.

Pero Jesús no pide que seamos débiles. De hecho, nos muestra cómo alcanzar altos niveles de poder personal a través del desarrollo espiritual. Y el consejo de poner la otra mejilla no tiene sentido si estamos interiormente furiosos mientras pretendemos ser amables y generosos. Jesús desea que nuestra fortaleza y paz mental nos permitan estar por encima del insulto y la injuria, que tengamos tanta riqueza interior que la pérdida de unos cuantos pesos nos importe un comino. Pero sobre todo, Jesús quiere que el amor a los demás y a nosotros mismos sea lo suficientemente fuerte como para permitirnos ver más allá del mal. Que, en lugar del mal, podamos ver a una persona tan dolida que sólo puede relacionarse con los demás hiriéndolos.

El proceso de aprendizaje y crecimiento que confiere este grado de riqueza y fortaleza internas dura toda la vida. Una parte de este aprendizaje implica la habilidad de ser firmes y expresar los sentimientos. Si uno no aprende esto será siempre un niño, siempre dependiendo de la ayuda de los demás para hacer valer sus derechos y tomar decisiones.

Por supuesto, es importante que seamos fuertes y orgullosos. Pero la autoafirmación no es pedantería. Es muy fácil aprovecharse de los beneficios de un fuerte ego y hacer que todo gire a nuestro alrededor. Podríamos tratar a los demás con hostilidad y pasar por alto sus sentimientos y necesidades. Si nos volvemos insensibles al dolor y al infortunio, es que todavía no hemos aprendido la lección. Tenemos que ir más allá.

El Evangelio de Lucas muestra cómo hacerlo. Queremos ser tan fuertes interiormente que el ego se convierta en una cuestión secundaria, y no tenemos porqué probar nada a nadie. Nuestra fortaleza es tan abundante que podremos ayudar a los demás aunque sólo recibamos odio en recompensa.

La Biblia enseña que un ego saludable y un fuerte sentido de lo que somos nos dan una importante base para la vida emocional y espiritual. Pero también reconoce la necesidad de ir más allá de la fase de autoafirmación, hasta alcanzar un estado de amor y preocupación por la gente que nos rodea.

Elegir lo que amas es amarte a ti mismo

Si hablo en lenguas humanas y angelicales, pero no tengo amor, no soy más que un metal que resuena o un platillo que hace ruido. Si tengo el don de profecía y entiendo todos los misterios y poseo todo conocimiento, y si tengo una fe que logra trasladar montañas, pero me falta el amor, no soy nada. Si reparto entre los pobres todo lo que poseo, y si entrego mi cuerpo para que lo consuman las llamas, pero no tengo amor, nada gano con eso. El amor es paciente, es bondadoso. El amor no es envidioso ni jactancioso ni orgulloso. No se comporta con rudeza, no es egoísta, no se enoja fácilmente, no guarda rencor. El amor no se deleita en la maldad sino que se regocija con la verdad. Todo lo disculpa, todo lo cree, todo lo espera, todo lo soporta.

1 Corintios 13:1-7

Todos podemos vivir en la plenitud del amor. Ese es el objetivo de toda existencia espiritual y, también, la meta de la salud psicológica.

Una vida con amor es una vida saludable y completa. Amar a alguien es un sustento y un apoyo inapreciables. Sin amor, la desesperación y la inestabilidad podrían abrumarnos.

Los versículos de san Pablo sobre este tema se consideran entre los más inspiradores jamás escritos. Sus palabras pueden obrar maravillas en nosotros.

San Pablo enseña que el amor es el criterio con el que se mide el valor de todo lo que hacemos y lo que decimos. No importa lo impresionante de nuestros proyectos ni el éxito que hemos alcanzado en el trabajo; si no amamos lo que hacemos se pierde lo más esencial de la vida.

Pregúntese a sí mismo con toda honestidad: "¿Amo lo que hago? ¿Está mi vida llena de amor?" La repuesta aclara muchas cosas. El amor es una intensa emoción fácil de sentir, y podemos saber perfectamente cuando no la tenemos. San Pablo sabe con qué facilidad intercambiamos el amor por sustitutos más baratos, y elegimos blandengues imitaciones del amor. Es fácil fingir, y tendemos a hacerlo. Sabemos que debemos amarnos unos a los otros, pero muy a menudo debemos admitir que no lo hacemos.

San Pablo insiste en que dejemos la simulación. Pero, ¿qué se puede hacer si uno no tiene el amor del que habla san Pablo?

La respuesta consiste en seguir de buena gana el impulso de amar. El amor no se impone ni puede forzarse. Es un camino que debemos seguir libremente. Ese es el secreto.

¿Cuántas veces no ha elegido usted algo sólo porque era práctico o sencillo? ¿Cuántas veces no ha preferido la seguridad sobre sus verdaderos deseos? El camino del amor estuvo ante usted todo el tiempo, pudo haberlo seguido. Todavía puede hacerlo.

Elegir el camino del amor transforma nuestras vidas.

Cuando actuamos y trabajamos fundados en el amor descubrimos una energía y una intensidad que jamás creímos poseer. Pero cuando actuamos sin amor, los conflictos nos agobian. La falta de significado envenena la psique.

El amor brinda emoción a la vida; el gozo de hacer, y la delicia de ser. Es, a fin de cuentas, lo que todos necesitamos.

Fortaleza ante las aflicciones de la vida

Supere esos "abrumadores" sentimientos

En mi angustia clamé al Señor, y él me respondió. Desde las entrañas del sepulcro pedí auxilio, y tú escuchaste mi clamor. A lo profundo me arrojaste, al corazón mismo de los mares; las corrientes me envolvían, todas tus ondas y tus olas pasaban sobre mí.
Y pensé: "He sido expulsado de tu presencia. ¿Cómo volveré a contemplar tu santo templo?" Las aguas me llegaban hasta el cuello, lo profundo del océano me envolvía; las algas se me enredaban en la cabeza, arrastrándome a los cimientos de las montañas. Me tragó la tierra, y para siempre sus cerrojos se cerraron tras de mí. Pero tú, Señor, Dios mío, me rescataste de la fosa.

Jonás 2:2-6

Todos conocemos el sentimiento de desesperación ante lo que debemos hacer. Vemos todo lo que espera ser realizado y parece una tarea imposible, insuperable.

En general, este sentimiento desaparece al poner manos a la obra. La inercia por sí misma es lo que más a menudo nos provoca esos sentimientos agobiantes; sencillamente odiamos asumir nuevas tareas. Algunas las dejamos para otro día; otras no parecen tan vitales a primera vista. Lo mejor de todo es comenzar con los asuntos más importantes. Una vez que comenzamos, los sentimientos negativos desaparecen por sí mismos.

Pero, ¿y si persisten? Suponga que estamos tan continuamente agobiados y desesperados que sentimos que nos hundimos. Las mujeres que trabajan muchas veces se sienten así, porque esperan ser madres amorosas, amantes apasionadas, líderes populares y exitosas ejecutivas; todo al mismo tiempo. A veces lo logran, pero pagan un precio muy alto. Nunca tienen tiempo para ellas mismas y lo resienten grandemente. Sienten que su vida se hunde, aunque a los ojos de los demás todo es perfecto. Los psicólogos llaman a esto el "síndrome de la súper mujer", el cual puede tener consecuencias desastrosas para la salud: úlceras, presión alta, depresión y ansiedad.

El relato de Jonás contiene un mensaje terapéutico para tales situaciones. Dios le asigna una tarea "imposible": alejar a todo el pueblo de Nínive del pecado. Jonás sabía que era imposible. No se trataba de un villorrio. Tomaba tres días atravesar la ciudad. Era demasiada gente. ¿Cómo podría un solo hombre convencerlos de que cambiaran su vida pecadora? Totalmente fuera de la razón; el puro intento parecía una pérdida de tiempo.

Jonás hizo lo que todos haríamos al enfrentarnos con tareas insuperables: huyó, se escapó al mar.

Todos tenemos alguna forma de escapar de los problemas. Algunos ven la televisión, otros simplemente dejan las cosas para otro día, y otros huyen provocando ataques inesperados al refrigerador, o eligen ocuparse con cosas triviales pretendiendo que son muy importantes. Muchos corren al diván del psiquiatra o a la iglesia rogando que les resuelvan sus problemas. Nada de eso funciona realmente.

El bote de Jonás se encontró en medio del mar agitado. La tormenta se abalanzó sobre él y los compañeros de Jonás se aterrorizaron. Cuando Jonás admitió honestamente que él era el responsable de la peligrosa situación, lo arrojaron por la borda.

Evadir las obligaciones es la mejor manera de ir directo al desastre. Eludir las responsabilidades puede parecer una liberación, pero, en realidad, empeora todas la cosas. En eso consiste el primer mensaje terapéutico del pasaje en cuestión.

La mayoría ni siquiera podemos huir, pero nos quedamos por ahí haciéndonos tontos y nos llenamos de desesperación. ¿Qué podemos hacer?

En este punto la historia de Jonás toma un extraño giro: Dios envía un "gran pescado" para que se trague a Jonás. Y durante tres días y tres noches, Jonás permanece en el vientre del pez. Por supuesto, la idea de pasar setenta y dos horas en el estómago de un pez parece absolutamente repugnante. Pero debemos considerar el asunto desde una perspectiva distinta. Para una persona agobiada por la vida, pasar un tiempo en las profundidades del mar podría ser una oportunidad perfecta de aclarar algunas cosas. Estar en la barriga del pez es estar a salvo en lo más profundo del alma. El significado es que, en nuestro mundo interior, podemos encontrar el coraje necesario para enfrentar las tareas imposibles.

Hacer un viaje a nuestro interior es muy distinto que rehuir a los problemas y esperar que desaparezcan al ignorarlos. Significa que tomamos fuerzas de nuestra fuente espiritual para volver renovados y con más energía. Esos momentos de reflexión contemplativa nos permiten obtener nuevas perspectivas.

Por supuesto, no debemos prepararnos a ser tragados por una ballena. (¡No parece algo muy agradable!) Pero sí podemos buscar un tiempo a solas con nosotros mismos, aunque sea unos momentos. Podemos acostarnos en la cama, apagar las luces y "dejarnos ir" por unos instantes. Quizá la oración nos tranquilice mentalmente; quizá simplemente escuchemos el torrente de pensamientos y emociones que surgen de nuestro interior, así como Jonás debió escuchar el sonido del mar desde dentro del pez. En esos momentos no necesitamos preocuparnos de ningún problema. El inconsciente lo hace por nosotros, y lo único que debemos hacer es permitirle obrar sin ninguna ansiosa interferencia.

Cuando fue arrojado a la playa, Jonás estaba listo para realizar su trabajo. Necesitaba tres días para recorrer la ciudad, pero hizo el recorrido en un día y convenció a la gente. Se arrepintieron y la ciudad se salvó. Fue mucho más fácil de lo que hubiera esperado, pues esos días de profunda reflexión alejaron sus ansiedades y temores. Los momentos de quietud y reflexión pueden ser igualmente terapéuticos para nosotros.

Encuentre un significado a las penas inevitables

Luego fue Jesús con sus discípulos a un lugar llamado Getsemaní, y les dijo: "Siéntense aquí mientras voy más allá a orar." Se llevó a Pedro y a los dos hijos de Zebedeo, y comenzó a sentirse triste y angustiado. "Es tal la angustia que me invade, que me siento morir", les dijo, "quédense aquí y manténganse despiertos conmigo." Yendo un poco más allá, se postró sobre su rostro y oró: "Padre mío, si es posible, no me hagas beber este trago amargo. Pero no sea lo que yo quiero, sino lo que quieres tú." Luego volvió adonde estaban sus discípulos y los encontró dormidos. "¿No pudieron mantenerse despiertos conmigo ni una hora?", le dijo a Pedro. "Estén alerta y oren para no caer en tentación. El espíritu está dispuesto, pero el cuerpo es débil."

Mateo 26:36-41

Uno de los objetivos de la medicina moderna es prevenir el dolor y libramos de él. Una meta primaria del combate espiritual es alcanzar una vida plena y gozosa. El desafío de los sufrimientos inevitables es un punto que une a los médicos y a los líderes espirituales. Naturalmente, nadie desea el dolor para sí ni para sus seres amados, pero es algo inevitable. En la vida de todas las personas hay periodos de oscuridad.

La psicología moderna tiende a ignorar esta cuestión. Es mucho mejor trabajar en cosas que tienen posibilidad de salir mejor libradas. La Biblia, sin embargo, ofrece un modelo que nos ayuda a aceptar el sufrimiento y a darle un significado.

Después de la cena de Pascua, la noche de la traición, Jesús lleva a sus discípulos al jardín de Gethsemaní. El sabe que pronto lo arrestarán y será crucificado; sus discípulos no lo saben. Judas, el traidor, ha sido confrontado. La escena está prevista.

Como lo cuenta Mateo, Jesús podía escapar de las autoridades. Seguramente los apóstoles se preguntaron por qué no aprovechó la oportunidad. Ellos tuvieron la posibilidad de sacarlo de la ciudad a escondidas y llevarlo de regreso a Galilea. Pero Jesús conocía su misión, la cual no se cumpliría sin un sacrificio. Todo aquel que acepta un llamado en la vida sabe que lo único que podía hacer el Señor era aceptar la crucifixión.

Aunque tengamos la esperanza de transitar por caminos llanos, todos debemos aceptar cualquier dolor que surja antes de llegar a la meta. Una de las mayores dificultades que afrontamos es el sentimiento de soledad. Todos necesitamos de alguien que nos ayude con la carga, y de un líder sabio que nos diga qué hacer.

Así se sintieron los apóstoles en el jardín. Siempre dependieron de Jesús para soportar los malos tiempos, pero en Gethsemaní descubrieron un aspecto de su Maestro que los consternó: estaba triste y angustiado.

Cristo siempre fue una fuente de fortaleza y energía, y conocía todas las respuestas. ¿Por qué no realizar un milagro para salvar el día? Pero esa noche no había ninguna salida fácil.

¿Qué podían hacer? Jesús les pidió que se sentaran y esperaran; Él debía enfrentar solo su destino, de la misma manera que ellos. En adelante, los apóstoles se responsabilizarían de sus propios actos, sin un maestro que les mostrara el camino a seguir. Había llegado el tiempo de poner en práctica las enseñanzas del Señor.

En medio de su crisis, Cristo trató de prepararlos para lo que habría de venir. Tres veces les pide que oren y vigilen, y les muestra cómo hacerlo. En el jardín, Jesús reza para obtener una clara visión de lo que habrá de suceder. Su oración no es producto de la debilidad y la cobardía, sino de la firmeza y la esperanza. Jesús pide a su Padre que le evite los dolores innecesarios, pero también muestra la determinación de hacer lo que debe hacerse.

Esta es una lección muy valiosa. No debemos soportar sufrimientos inútiles. No hay ninguna razón que nos obligue a buscar motivos de aflicción. Algunos pueden encontrar meritorio el sufrimiento para expiar culpas reales o imaginarias, pero la Biblia enseña que la misericordia es la base de la justicia y el amor. El sufrimiento innecesario no soluciona nada.

Los discípulos no entendieron ni siguieron la lección de Jesús. En lugar de eso, se durmieron. No pudieron soportar la crisis.

Su sueño simboliza no sólo la falta de coraje, también significó perder la oportunidad de dar un sentido al inevitable dolor. Jesús quería dar a sus discípulos una nueva misión: que encontraran el sentido a la traición y a la crucifixión en bien de la humanidad, al mostrar cómo la brutalidad y la injusticia, representadas en estos hechos, pueden ser desterradas del mundo para siempre. La fe de Jesús en que había un sentido en su sacrificio le permitió enfrentar su destino con serenidad. La falta de una fe semejante llevó a los discípulos a dormirse y, más tarde, a huir en medio de la crisis.

Finalmente, los discípulos aceptaron la misión. La resurrección restauró su fe. Y en los años finales, pudieron encarar el dolor y la tragedia con serenidad cristiana.

La Biblia nos enseña que el sufrimiento es, a veces, inevitable. Pero si encontramos sentido al sufrimiento, podemos aprender de él.

Aprenda a recuperarse de las traiciones

Todavía estaba hablando Jesús cuando se apareció una turba, y al frente iba uno de los doce, el que se llamaba Judas. Éste se acercó a Jesús para besarlo, pero Jesús le preguntó: "Judas, ¿con un beso traicionas al Hijo del hombre?" Los discípulos que lo rodeaban, al darse cuenta de lo que pasaba, dijeron: "Señor, ¿atacamos con la espada?" Uno de ellos hirió al siervo del sumo sacerdote, cortándole la oreja derecha. "¡Déjenlos!", ordenó Jesús. Entonces le tocó la oreja al hombre, y lo sanó.

Lucas 22:47-51

Las Escrituras y la psicología moderna están completamente de acuerdo en un punto: la única forma de librarse de la desesperación es a través de la verdad. "...Y conoceréis la verdad, y la verdad os hará libres." Y la verdad que nos urge conocer es aquella que se refiere a nosotros mismos, por esa razón la Biblia es tan efectiva como medio de curación: revela mucho acerca de lo que somos.

Uno de los elementos del poder terapéutico de la Biblia es que muchos de sus personajes contienen alguna faceta de nuestra propia psique. Es cierto que nos gustaría vernos reflejados sólo en los personajes buenos y no en los malos. Pero hacer eso es perder el valor completo de las Escrituras. Aunque desagradables, los personajes malos pueden enseñarnos verdades importantes acerca de nosotros mismos.

Judas, el símbolo por excelencia del desprecio, la infamia y la deshonra, es un buen ejemplo. Siendo discípulo de Jesús, conspira con las autoridades para entregarles a Jesús por treinta monedas de plata.

Creemos que nosotros nunca haríamos alguna cosa semejante. Sin embargo, Judas demuestra que todos podemos tener zonas oscuras en nuestro interior. El hecho también nos enseña a reconocer las sombras de traición que surgen en tantas relaciones. Afortunadamente, el relato de Judas también nos enseña a recuperarnos del dolor que nos causa una traición.

En realidad, uno puede aprender a recuperarse de tres distintas clases de traición:

Cuando alguien nos traiciona. Casi nadie considera las razones que tuvo Judas para actuar de esa manera. Pero del relato se desprende claramente que le dio la espalda a Jesús porque se sintió traicionado por él. Obviamente, Jesús no era el Mesías del que hablaban las Escrituras. ¿Dónde estaba el guerrero prometido que azotaría a las legiones del Imperio Romano y liberaría al pueblo de Dios de la opresión de los invasores?

Judas deseaba desesperadamente que Jesús se ajustara a esa imagen. En lugar de eso, Jesús predicaba una libertad muy diferente y establecía un reino espiritual que tenía muy poco que ver con conquistar a los romanos.

Cuando los demás no cumplen con lo que esperamos de ellos, nos sentimos heridos y enojados. Creamos una imagen de cómo debería actuar y pensar la otra persona. Si no lo hace así, sentimos que traicionó nuestra confianza. Yo he visto amistades, matrimonios y hasta sociedades de negocios tropezar a causa de esta sensación.

Si Judas hubiera puesto una atención cuidadosa a lo que Jesús decía, podría haber conocido la verdad del mensaje cristiano desde el principio. Por lo tanto, es importante que juzguemos a los demás honesta y objetivamente. Cuando nos sentimos traicionados debemos examinarnos profundamente. ¿Fuimos justos y realistas? ¿Sabía la otra persona lo que esperábamos de ella? ¿Es correcto que pidamos a alguien que cumpla con la imagen que nos hemos formado de ella? Responder honestamente estas preguntas puede eliminar cualquier sentimiento de traición antes de que pueda dañar nuestras relaciones.

Cuando traicionamos a otros. Judas estaba tan cegado y decepcionado que le dio la espalda a la persona que más amaba. Cualquiera puede reconocer esta clase de dolor. Cuando menos alguna vez todos nos hemos sentido tan heridos que atacamos o destruimos aquello que más amamos. Es como si alguna fuerza siniestra nos impulsara a separarnos de la mejor fuente de tranquilidad y gozo. A menudo, la razón por la que traicionamos a otros es porque sentimos que se han alejado de nosotros cuando, de hecho, somos nosotros los que huimos. El aislamiento es autoimpuesto. Jesús nunca excluyó a Judas de su amor y preocupación, aun cuando conocía sus negros planes. Judas pudo haber sido curado si tan sólo lo hubiera permitido.

Pero Judas abandonó la posibilidad del amor. Nunca se dio cuenta que aun en medio de la más profunda desesperación el amor es posible. Podemos combatir el impulso de herir a los que amamos si creemos que el amor existe todavía.

La autotraición. La traición de Judas fue finalmente una traición a sí mismo. Permitió que su desesperación y su dolor lo llevaran a destruir lo más precioso de su vida. La verdadera tragedia en el acto de Judas es la autodestrucción.

Por otra parte, la compasión de Jesús en el momento de la crisis muestra la única respuesta racional a esta y todas las demás traiciones.

Cuando intentan arrestar al Maestro, surge una violenta respuesta de un discípulo que corta la oreja a uno de los soldados y casi lo mata. La enfermedad amenaza ser contagiosa, así como la enfermedad de la traición puede extenderse si lo permitimos.

Pero Jesús no lo permite. El cura al soldado con un toque de su mano. Esta es la gran cura para la enfermedad. Al tocar a otros y permitir que nos toquen podemos detener la epidemia de dolor y soledad que trae consigo la traición. No importa quién traiciona a quién, es posible detener el ciclo al entender y entregarse al amor y la compasión.

Cómo beneficiarse de las aflicciones

En la madrugada, Jesús se acercó a ellos caminando sobre el lago. Cuando los discípulos lo vieron caminando sobre el agua, quedaron aterrados." ¡Es un fantasma!", gritaron de miedo. Pero Jesús les dijo en seguida: "¡Cálmense! Soy yo. No tengan miedo". "Señor, si eres tú", respondió Pedro, "mándame que vaya a ti sobre el agua". "Ven", dijo Jesús. Pedro bajó de la barca y caminó sobre el agua en dirección a Jesús. Pero al sentir el viento fuerte, tuvo miedo y comenzó a hundirse. Entonces gritó: "¡Señor, sálvame!". En seguida Jesús le tendió la mano y, sujetándolo, lo reprendió: "¡Hombre de poca fe! ¿Por qué dudaste?" Cuando subieron a la barca, se calmó el viento. Y los que estaban en la barca lo adoraron diciendo: "Verdaderamente tú eres el Hijo de Dios."

Mateo 14:25-33

Raquel es un amiga cercana que aprendió de la Biblia a usar sus crisis emocionales como base de aprendizaje y crecimiento. Durante largo tiempo ella había sufrido una depresión que no podía sacudirse. Estaba próxima a cumplir 35 años y su vida era un desastre. Creía que su matrimonio y la carrera que había elegido eran errores grandísimos. Sus fundamentos espirituales se venían abajo. No había nada que la dejara satisfecha y no podía recobrar la calma. Era muy eficiente en su trabajo, pero siempre estaba bajo un constante estado de profundo dolor emocional.

Consultó varios psicoterapeutas, pero después de cada sesión se sentía peor que antes, así que las suspendió, y se quedó todavía más desesperada. Llegó incluso a considerar seriamente el suicidio. Finalmente, al leer la Biblia se sintió atraída por el relato del extraño viaje en bote de los apóstoles.

Eso cambió su vida. Ella lo había leído antes, por supuesto. Pero esta vez tenía un nuevo significado a causa de su dolor emocional. La historia le infundió el coraje que necesitaba para salir de la crisis y le inculcó la fe de que aun los peores y más prolongados sufrimientos emocionales pueden traer beneficios.

"Al leer este pasaje, me imaginé a mí misma en el bote con los discípulos", dijo, "y supe exactamente cómo se sentían. Jesús los había dejado solos, y creyeron que podrían hacer el viaje por sí mismos. Se sentían fuertes e independientes, pero entonces vino la tormenta y se sintieron solitarios, temerosos y abandonados. Las olas se alzaban a su alrededor y el viento los golpeaba fuertemente.

"La descripción bíblica de esa tormenta era como un retrato de mi depresión. Yo creía ser una profesionista fuerte e independiente. Pero estaba sumida en el terror casi todo el tiempo, y lo peor es que me sentía completamente sola."

Raquel se sintió como los apóstoles al ver a Jesús caminando hacia ellos sobre las aguas. Se apoderó de ellos una grata sensación de alivio, pues Jesús era alguien que sabía cómo calmar una tormenta; mantenía la tranquilidad en medio de la crisis y podía caminar sobre el mar como si no existiera la tormenta. Sabía cómo manejar esta terrible situación.

Los discípulos estaban cegados por el terror, pero se calmaron al ver que Jesús iba al rescate. Raquel me dijo que ella había experimentado algo semejante. Ella sabía que había una manera de superar su crisis emocional, pero no reconoció la solución cuando la tuvo enfrente. Varias veces, rechazó la ayuda que podría liberarla de su profunda desesperación. Como los discípulos, ella sintió que las fuerzas curativas a su alrededor no eran reales.

La respuesta de Pedro fue lo que la conmovió profundamente. Pedro reconoció a Jesús. El no estaba tan cegado por el miedo como los otros y creyó que Jesús tenía la respuesta. Si superaba el miedo, Pedro podría aprender una importante lección de fe.

"No importa cuán vacilante e inseguro fuese el bote", dice Raquel; "imagine qué duro debió ser dar un paso hacia el enfurecido mar. Es exactamente el mismo paso que se necesita dar en dirección a otros para encontrar ayuda y amor. Es el paso que uno más teme y Pedro tuvo el coraje de darlo. Cuando leí el relato, supe que yo tenía que reunir el mismo coraje".

Pedro triunfó sobre sus temores, pero no fue una tarea fácil. Sin embargo, puso su fe en Cristo para atravesar esta penosa prueba, y perseveró. Pero cuando su resolución vaciló, el terror volvió a apoderarse de él y comenzó a hundirse.

Ese fue el castigo de Pedro a su poca fe. Pero, por supuesto, su fe había sido más grande que la de los discípulos que permanecieron en el bote. Su buena disposición para arriesgarse aun si fallaba fue más importante.

Jesús lo eligió como su sucesor. El intento de Pedro, aunque imperfecto y vacilante, significó más que la seguridad de los discípulos renuentes a abandonar el bote. Pedro puso a prueba su propia fe y la fuerza y el poder que ella podía darle para realizar las cosas. También aprendió que su debilidad podría hacerlo fallar nuevamente.

Este pasaje hizo que Raquel se diera cuenta de que podía beneficiarse de su propia crisis emocional. Ella vio que, como Pedro, tendría que arriesgarse aunque eso significara fallar algunas veces. La lectura la hizo ver que la ayuda espiritual la liberaría de su desesperación. Sólo necesitaba reconocerla y permitir que obrara en su favor.

Raquel pasó por la peor tormenta de su vida. Y al hacerlo, encontró la fuerza para seguir adelante con renovadas energías.

El primer paso para recuperarse de una tragedia

Tomás, al que apodaban el Gemelo, y que era uno de los doce, no estaba con los discípulos cuando llegó Jesús. Así que los otros discípulos le dijeron: "¡Hemos visto al Señor! Mientras no vea yo la marca de los clavos en sus manos, y meta mi dedo en las marcas y mi mano en su costado, no lo creeré", repuso Tomás. Una semana más tarde estaban los discípulos de nuevo en la casa, y Tomás estaba con ellos. Aunque las puertas estaban cerradas, Jesús entró y, poniéndose en medio de ellos, los saludó: "¡La paz sea con ustedes!" Luego le dijo a Tomás: "Pon tu dedo aquí y mira mis manos. Acerca tu mano y métela en mi costado. Y no seas incrédulo, sino hombre de fe". "¡Señor mío y Dios mío!", exclamó Tomás. "Porque me has visto, has creído", le dijo Jesús; "dichosos los que no han visto y sin embargo creen".

Juan 20:24-29

Kathleen era una adorable colegiala muy aplicada, cuya madre murió prematuramente de cáncer mientras ella tomaba mi clase. Las dos eran muy unidas y, al final, la madre se mostró amorosa y valiente. Su muerte fue una terrible pérdida para toda la familia. Desafortunadamente, el padre no soportó la tragedia y no le dio a Kathleen el apoyo que necesitaba.

Así que, pocas semanas más tarde, me sentí aliviado cuando ella pidió que habláramos en privado. Su participación en clase había sido inusualmente pobre y necesitaba alguien en quien confiarse. En la oficina, Kathleen compartió conmigo sus sentimientos de aflicción y pérdida. "Lo peor de todo", me dijo, "es que no creo que vuelva a ser feliz nuevamente, jamás volveré a disfrutar de la vida. Extraño terriblemente a mamá, y papá me preocupa mucho. No tengo ninguna esperanza."

La pena es una parte natural y muy importante en el proceso de curación, especialmente después de perder a uno de los padres, pero no la desesperación. Ese sentimiento amenazaba los estudios de Kathleen y su bienestar emocional. La historia de Tomás después de la resurrección de Cristo enseña a enfrentar la tragedia y a superar la clase de pesimismo que ella sentía, y que a menudo viene acompañada de dolor.

En la vida de los apóstoles, la crucifixión de Jesús fue el más grande dolor que jamás soportaron. Su líder estaba muerto. Lo habían asesinado como si fuera un criminal común. Se sentían abandonados y llenos de desesperación. Inmediatamente después de la crucifixión debieron sentirse entumecidos por el golpe que les produjo tal acontecimiento.

Cuando algunos de ellos volvieron al grupo hablando de la resurrección de Jesús, Tomás rehusó aceptar la posibilidad de que un milagro semejante sucediera. En principio, Tomás podría sorprendernos con su escepticismo. Para él, estas historias acerca de la resurrección eran demasiado buenas para ser verdad. Sabía que los deseos fervientes pueden distorsionar nuestro pensamiento y aun nuestras percepciones. Tomás necesitaba pruebas; quería ver las heridas por sí mismo. Tenia que tocar el cuerpo antes de creer una historia tan tonta como esa.

Al detenernos a considerar el asunto, nos damos cuenta de que el escepticismo no explica completamente la incredulidad de Tomás. El había sido un discípulo de Cristo y había sido testigo de los milagros que obraba su Maestro. ¿Por qué elige este momento para convertirse en un escéptico? ¿Por qué la prueba que necesitaba es tan sorprendente aquí?

La respuesta es que el escepticismo de Tomás es, en realidad, un disfraz que oculta su desesperación. Tomás había perdido la fe en la posibilidad de volver a sentir el gozo y la gracia que tuvo cuando Jesús aún vivía. No podía permitirse creer que volvería alguna vez la energía y el sentimiento de plenitud que había experimentado en la presencia del Señor.

La desesperación duró ocho días. Para el apóstol, este fue un periodo de profundo sufrimiento que no terminó hasta ver nuevamente a Jesús. Aquí hay un mensaje para aquellos que no pudimos experimentar su presencia histórica: debemos aprender a creer en el poder del amor y la felicidad sin necesidad de prueba alguna.

Cristo sabía que la fe, por sí misma, es curativa, y que el primer paso para superar la desesperación y el pesimismo es decidirse a creer que el sufrimiento no durará eternamente. Esa es la verdadera fe. Y como el relato enseña, a veces hay que creerlo aunque no haya evidencias sólidas de que la felicidad retornará. Tal vez no existan razones visibles para sentir esperanza, pero debemos aceptarlo de cualquier manera. Si no lo hacemos así, nunca volveremos a sentimos bien.

La vida conquista a la muerte, ese es el mensaje psicológico de la resurrección. El gozo y la alegría volverán a apoderarse de nosotros, aun después de una tragedia, si realmente lo deseamos. Y la duda es un serio impedimento. Sólo cuando decidamos dar el salto de la fe y creamos firmemente que la felicidad todavía es posible, podremos disfrutar otra vez de la vida.

Cómo aceptar el sufrimiento como parte del plan de Dios

Hizo que mis hermanos me abandonaran; hasta mis amigos se han alejado de mí. Mis parientes y conocidos se distanciaron, me echaron al olvido. Mis huéspedes y mis criadas me ven como a un extraño, me miran como a un desconocido. Llamo a mi criado, y no me responde, aunque yo mismo se lo ruego. A mi esposa le da asco mi aliento; a mis hermanos les resulto repugnante. Hasta los niños se burlan de mí; en cuanto me ven, me dan la espalda. A todos mis amigos les resulto abominable; mis seres queridos se han vuelto contra mí. La piel y la carne se me pegan a los huesos; ¡a duras penas he salvado el pellejo! ¡Compadézcanse de mí, amigos míos; compadézcanse, que la mano de Dios me ha golpeado! ¿Por qué me acusan como Dios? ¿No les basta con desollarme vivo?

Job 19:13-22

El libro de Job tiene un significado especial para quienes han sufrido tragedias absurdas. Quizá usted ha perdido un hijo o alguien muy cercano a su corazón sufre incapacidad física o un revés emocional. Tal vez un amigo muy querido encontró imposible soportar la vida y decidió acabar el dolor con el suicidio, dejándolo sumido en sentimientos de ira y culpabilidad. O tal vez usted mismo es víctima de una agobiante pena. Pero, cualquiera que sea la fuente de su dolor, la historia de Job le brindará una especial sabiduría curativa que lo confortará, al mismo tiempo que le enseña el camino de la recuperación.

La Biblia describe a Job como un hombre probo e irreprochable que provee a su familia en lo económico y en lo espiritual. Rinde culto a Dios y enseña a sus hijos a hacer lo mismo. Sin embargo, se convierte en una víctima de la tragedia: sus propiedades se esfuman, sus hijos mueren asesinados y él cae presa de una dolorosa enfermedad. Para el género humano, Job es el símbolo del sufrimiento.

Y como él, cuando nos convertimos en víctimas de la tragedia, también nos preguntamos: "¿Por qué este sufrimiento? ¿Por qué tengo que pasar por esto? ¿Qué mal hice para merecerlo? ¿Dónde encontraré la fortaleza que me permita soportar el dolor?" Job se hace las mismas preguntas, y nosotros no debemos sentirnos culpables de querer encontrar las respuestas para comprender la situación.

Cuando uno pasa por algo semejante, puede experimentar una serie de reacciones emocionales muy diversas, algunas de las cuales parecen irracionales o irreverentes y nos dejan con la sensación de que hemos cometido algo terriblemente malo. Es difícil aceptar la idea de que, en un mundo gobernado por un creador amante y todopoderoso, las personas inocentes tengan que sufrir y morir. Más bien, parecería lógico asumir que sólo sufren aquellos que son culpables de alguna transgresión: "Si padezco un inmenso dolor, es porque debo haber hecho algo muy malo para merecerlo".

Pero basta pensar en el sufrimiento inútil de miles de niños inocentes, víctimas del hambre y la pobreza alrededor del mundo entero, para darse cuenta de que esa presunción es falsa. No sabemos por qué, pero vivimos en un mundo en el cual los inocentes sufren. Es un duro pero inevitable hecho de la vida. Sin embargo, el pensamiento de que no es necesario añadir sentimientos de culpabilidad al dolor que se experimenta puede ser consolador.

Es posible que la agonía forme parte de un plan grandioso pero, por nuestra parte, sólo podemos sentir rabia y resentimiento. Es natural sentirse encolerizado al enfrentar lo que parece un sufrimiento absurdo.

El consuelo que obtenemos al leer este relato es saber que al menos alguien más se ha hecho las mismas preguntas y ha pasado por la misma frustración. Y más todavía: nos hace saber que, al final, Job encontró un sentido a su dolor. La Biblia dice que habló con Dios y, al hacerlo, descubrió cosas demasiado maravillosas para mí, las cuales jamás podré comprender".

Según Victor Frankl, un terapeuta prisionero en un campo de concentración nazi que perdió a su familia en el holocausto, el sufrimiento sólo puede ser tolerado si se encuentra un sentido en él. Frankl cree que esto es posible si aceptamos nuestra función en la vida, sin importar cuál sea. El sufrimiento presenta un reto: encontrar metas y objetivos que hagan que todo valga la pena. Al hacerlo, podremos encarar el sufrimiento con ecuanimidad.

El relato de Job nos enseña a descubrir los retos que hay en la vida. La respuesta a esos desafíos puede darle un significado al dolor y a la agonía que sentimos.

LA CONQUISTA DE LOS DEMONIOS PERSONALES

Libérese por sí mismo de sus demonios interiores

Luego añadió: "Lo que sale de la persona es lo que la contamina." Porque de adentro, del corazón humano, salen los malos pensamientos, la inmoralidad sexual, los robos, los homicidios, los adulterios, la avaricia, la maldad, el engaño, el libertinaje, la envidia, la calumnia, la arrogancia y la necedad. Todos estos males vienen de adentro y contaminan a la persona.

Marcos 7:20-23

¿Qué significa, en realidad, ser una persona religiosa?

¿Seguir reglas éticas muy específicas y asistir a la iglesia o a la sinagoga? ¿Vivir en paz con todos? Son cosas que cuentan, por supuesto, pero según las palabras de Jesús, el empeño por encontrar el autoconocimiento es algo indispensable para ser en verdad una persona religiosa.

La mayoría de los terapeutas están de acuerdo en que el camino hacia la curación reside en el interior de cada persona. Cuando logramos conocernos profundamente a nosotros mismos, las heridas se cierran con más facilidad y crecemos hasta alcanzar todo nuestro potencial.

Pero la jornada a lo largo del camino interior no siempre es placentera. La Biblia nos advierte que habrá momentos de temor, pero también nos promete la fuerza para soportarlos y nos asegura que la batalla hace más valiosa la victoria.

Recientemente, Jane, una mujer muy comprometida con la religión, regresó exhausta de un retiro espiritual que hizo con el grupo de mujeres de su iglesia.

"Esperaba unas vacaciones", me dijo. "Pero no fue nada divertido. Pasé el primer día en oración y, al atardecer, repentinamente comencé a ver mis fallas y mis defectos de una manera mucho más clara que nunca antes. Yo buscaba el tesoro interno que promete la Biblia, y lo que encontré fue confusión y conflictos. ¿Por qué tengo que encarar todo esto? ¿Es que no hay alguna manera de evitar toda esta oscuridad?"

Yo le dije que, desafortunadamente, no conocía ninguna forma de evadir esa etapa de crecimiento que ella experimentaba. Hasta Jesús tuvo que pasar un tiempo en el desierto para confrontar las tentaciones del mal. También le aseguré que valía la pena soportar las aflicciones que traía consigo la búsqueda, y que podría encontrar ayuda en la Biblia.

En el pasaje de Marcos, por ejemplo, Jesús dice a sus discípulos dónde y cómo debe realizarse la obra del espíritu. No podemos culpar a nadie en el mundo por corrompernos. El problema viene de adentro. Aquí Jesús muestra lo bien que conoce el corazón de los hombres. El sabe muy bien que, cuando nos vemos como realmente somos, encontramos muchas cosas negativas y dolorosas.

Pero la Biblia nos dice una y otra vez que nuestras imperfecciones no deben llevarnos a la desesperación. Dios advierte nuestras zonas oscuras con mucha mayor claridad que nosotros, y nos ama a pesar de todo. Tener conciencia del infinito amor de Dios nos otorga una inextinguible fuente de fortaleza, siempre presente cuando la necesitamos.

Las Escrituras nos dan más esperanza aún: nos prometen que, con la ayuda de Dios, podemos cambiar. No estamos condenados a vivir en la oscuridad. Incluso la sombra interior más horrible y poderosa puede ser disipada.

Pero sólo es posible lograrlo gracias a la autoexploración, pues el mal únicamente tiene poder sobre nosotros si tratamos de disfrazar la realidad.

El secreto consiste en reunir el coraje y confrontar honestamente las "manchas" que hay en nuestro interior. Una vez que las faltas se hagan evidentes, podremos aceptar el perdón de Dios, que ha estado ahí desde el principio.

En otro pasaje de la Biblia, Jesús nos promete que obtendremos la victoria: "...y conoceréis la verdad, y la verdad os hará libres". El nos garantiza que sólo necesitamos combatir de frente nuestras faltas, y el poder que tienen sobre nuestras vidas se romperá. Esto significa que la liberación de los demonios que nos atacan, ocasionalmente, está a nuestro alcance.

Jane hizo frente a los demonios y dio así, el primer paso para dominarlos. Estaba en camino de convertirse en una persona realmente religiosa.

Cómo superar los temores

Así que no les tengan miedo; porque no hay nada encubierto que no llegue a revelarse ni nada escondido que no llegue a conocerse. Lo que les digo en la oscuridad, díganlo ustedes a plena luz; lo que se les susurra al oído, proclámenlo desde las azoteas. No teman a los que matan el cuerpo pero no pueden matar el alma. Teman más bien al que puede destruir alma y cuerpo en el infierno. ¿No se venden dos gorriones por una monedita? Sin embargo, ni uno de ellos caerá a tierra sin que lo permita el Padre; y él les tiene contados a ustedes aun los cabellos de la cabeza. Así que no tengan miedo; ustedes valen más que muchos gorriones.

Mateo 10:26-31

Para muchos de nosotros, el temor es una emoción siempre presente. A veces, eso nos hace sentir como si viviéramos bajo una gris y repugnante sombra. Y, en ocasiones, el temor nos traspasa tan aguda y dolorosamente que quisiéramos escapar a algún lado.

Cuando el miedo surge como respuesta a un peligro obvio es un mecanismo perfectamente natural y saludable de supervivencia. Pero cuando acecha como algo vago y constante en el fondo de nuestra vida emocional, puede convertirse en una fuerza paralizante que nos impida arriesgamos a realizar los cambios necesarios para mejorar nuestras vidas. Tales temores pueden arruinar nuestra felicidad y dejarnos espiritual y emocionalmente exhaustos, incapaces de gozar la vida.

San Mateo describe una situación en la que Jesús enseña a sus discípulos una valiosa lección sobre la forma de superar todo tipo de temores. La lección es, a la vez, práctica y consoladora.

Jesús dio a sus discípulos algunos consejos acerca de cómo difundir el Evangelio. Estos hombres debieron haberse sentido aterrorizados ante la perspectiva de predicar una nueva y diferente religión a un pueblo que había sufrido durante mucho tiempo bajo la opresiva ocupación del ejército romano. La gente estaba hambrienta de tener un rey que encabezara la rebelión para derrocar al régimen militar. Pero el mensaje del cual eran portadores los discípulos —paz y amor— era muy distinto; tanto, que la gente muy probablemente ni siquiera querría escucharlo.

Podemos imaginar cómo nos sentiríamos si estuviéramos en el lugar de ellos, porque hemos experimentado temores semejantes. Todos hemos aceptado, con alguna renuencia, hacer trabajos que, finalmente, nos meten en serios problemas. ¿Y quién no ha sentido temor ante la perspectiva de enfrentar conflictos y obstáculos que son inevitables? En esas situaciones, el miedo se apodera de nosotros. Quisiéramos quedarnos en casa, descolgar el teléfono y escapar de los dolorosos horarios y de todo alboroto.

Jesús comprende esta renuencia. Se da cuenta de que los temores de los discípulos son muy legítimos, y les advierte que la tarea no será fácil, que tendrán que enfrentarse con la hostilidad de la gente. Incluso, pueden ser víctimas de abuso físico y acoso legal. Y, aunque esta apreciación no hace que el trabajo resulte muy atractivo, Jesús desea que los discípulos sepan que existen razones para sentir temor, y que entiende que se sientan así.

En el mundo moderno en que vivimos también tenemos razones legítimas para sentirnos atemorizados. Es tonto pretender que no debemos preocuparnos. Quienes viven en las ciudades se enfrentan cotidianamente al peligro del crimen y la violencia. Todos tememos justificadamente los efectos de las enfermedades o la ruina económica. Es muy fácil suscitar océanos de desesperación simplemente por la lectura de las revistas de medicina. Si pensamos sólo por un momento en la posibilidad de un desastre nuclear, podríamos sumergirnos en el terror.

Y no existe un límite para eso. Podríamos pasarnos todo el tiempo generando escenarios de miseria y llevar una vida de terror autoimpuesto. Es posible que nos concentremos en las cosas negativas y nos pintemos una existencia que aterraría a la más heroica de las almas. Pero, ¡vaya forma de vivir!

El problema en el fondo de todo esto es: ¿qué tan realista puede uno ser acerca de los peligros que hay en el mundo sin dejarse paralizar por el miedo?

Jesús dice a sus discípulos que lo que está oculto será conocido, y lo que está encubierto será revelado. ¿Cómo o por qué estas revelaciones y este conocimiento pueden ayudarnos a superar el temor? ¿De qué clase de descubrimiento se trata? ¿Qué tipo de conocimiento será útil en este asunto?

Los terapeutas están de acuerdo en que el temor a lo desconocido es el más profundo de los temores. Tenemos miedo al futuro, sobre todo cuando no está claro lo que va a pasar con nosotros. Emocionalmente, a menudo es preferible saber, aunque se trate de lo peor, que fantasear acerca de lo que puede suceder. Ese es el mensaje que Jesús da a sus discípulos. También les dice cómo enfrentarse a estos problemas. Jesús les asegura que el temor a lo desconocido puede ser y será conquistado cuando aprendan y maduren. Al viajar, al encontrarse con el mundo y expandir su experiencia y conocimientos, se desarrollará en ellos un coraje para enfrentar situaciones desacostumbradas y nuevos peligros.

Y esto vale para todos. Nos sentimos mucho más atemorizados cuando nos aislamos de los demás, aunque, irónicamente, ése es el primer impulso que tenemos cuando nos sentimos atemorizados. Pero deberíamos pelear pues, de lo contrario, el temor se alimentará a sí mismo. No podemos dominarlo si nos alejamos del mundo y sus problemas; la victoria radica en los esfuerzos activos para enfrentarnos con lo que tememos.

Jesús sabe que esta experiencia no siempre es placentera. El conocimiento y la experiencia tienen un precio, y todos tenemos que pagar el precio de la madurez y la sabiduría. Algunas veces, el combate contra los temores nos dejará demolidos y pulverizados. Lo único seguro es que se sufre duramente al perseguir las metas. Pero los fracasos y el dolor nos dan paciencia y fortaleza, y las contrariedades nos ayudan a madurar y nos dan una enorme sabiduría práctica.

El mensaje de Jesús se dirige también a la dimensión interna del alma. Cuando Él dice que lo que está escondido será revelado, no se refiere solamente a la experiencia y el conocimiento que obtendremos del mundo que nos rodea, sino también de lo que aprenderemos acerca de nosotros mismos. Descubriremos verdades que están escondidas y ocultas en nuestro interior. Esto también es atemorizante. Uno de los grandes temores es que la autorrevelación muestre cuán superficiales, crueles e indignos somos realmente. Tenemos miedo de que algún mal desconocido surja a la superficie, donde todos puedan verlo.

Pero Jesucristo nos ayuda a alejar los temores. Dios conoce el número de cabellos que hay en nuestra cabeza, y cada pensamiento y emoción que tenemos dentro. Dios conoce el valor de nuestras almas, aunque nosotros no lo conozcamos. Jesús desea mostramos que podemos descubrir virtudes que nunca imaginamos tener. Al enfrentar el mundo y combatir los temores, encontraremos insospechados recursos en nuestro interior. Será sorprendente para nosotros mismos y para los demás adquirir esta fortaleza interna, con talentos y habilidades que jamás imaginamos poseer, para superar todo tipo de problemas.

El Señor es realista: el mundo está lleno de peligros, y todos somos susceptibles de ser dañados cuando nos aventuramos por él. Pero la obsesión de seguridad sólo nos llevará al aislamiento y la parálisis. En nuestro interior hay una riqueza de recursos que sólo se pueden desarrollar al enfrentarnos al mundo y sus peligros. Esto nos hará más fuertes y nos dará el coraje para superar todos los temores.

Cómo dejar de ser obstinado

Pero el Señor hizo hablar a la burra, y ella le dijo a Balán: "¿Se puede saber qué te he hecho, para que me hayas pegado tres veces?" Balán le respondió: "¡Te has venido burlando de mí! Si hubiera tenido una espada en la mano, te habría matado de inmediato". La burra le contestó a Balán: "¿Acaso no soy la burra sobre la que siempre has montado, hasta el día de hoy? ¿Alguna vez te hice algo así?" "No", respondió Balán. El Señor abrió los ojos de Balán, y éste pudo ver al ángel del Señor en el camino y empuñaba la espada. Balán se inclinó y se postró rostro en tierra.

Números 22:28-31

El relato del asna de Balaam es uno de mis favoritos del Antiguo Testamento. Este pasaje acerca de la terquedad espiritual siempre me hace saltar cuando lo leo. Sólo yo sé lo bien que esta historia refleja mi propia testarudez.

Todas las grandes tradiciones espirituales nos enseñan que tenemos un guía espiritual en nuestro interior, y sería muy bueno que lo escucháramos porque, invariablemente, nos advierte cuando estamos a punto de embarcarnos en un curso de acción que podría traernos serios problemas.

La tradición también nos dice que, usualmente, no escuchamos esta voz interior a causa de la obstinación. La historia del asna de Balaam nos enseña una lección y nos muestra la forma de enmendar este error.

Balaam se encontraba en una situación difícil: un rey lo había llamado para que maldijera al pueblo de Israel, que se había liberado de la esclavitud de los egipcios y marchaba hacia la Tierra Prometida. Balaam sabía que los israelitas estaban bajo la protección de Dios, pero no pudo negarse a la petición real, así que salió montado en su fiel asna a cumplir el mandato del rey.

Todos nos hemos visto en una situación semejante: con la sospecha de que vamos directo al desastre y con una sensación muy desagradable acerca del asunto, porque sabemos que nuestro obrar es equivocado. Pero dejamos de lado las intuiciones y ¡allá vamos!, con la secreta esperanza de que todo saldrá bien. Hasta intentamos convencernos de que hacemos las cosas correctas. Entonces dejamos de pensar y nos rehusamos escuchar la voz interior. Al poco tiempo, ya nos domina la terquedad. Durante su viaje, Balaam se encontró con una inesperada dificultad: su asna no quería seguir adelante. Balaam trató de que el animal volviera al camino, pero este sólo se dirigió a una cerca que había en el sendero y se pegó a ella. Finalmente, Balaam comenzó a pegarle con un palo. Pero ni así logró que el animal caminara.

Balaam no se había dado cuenta, pero el asna tenía una excelente razón para no seguir adelante: un ángel del Señor bloqueaba el camino con una espada de fuego en la mano. Y aunque el asna podía ver con toda claridad el ángel del Señor, Balaam intentaba tan obstinadamente alcanzar su destino que no acertaba a ver el obstáculo.

Yo no puedo saber cuántas veces me he cegado por mi propia terquedad, como Balaam en el camino. Después de verme envuelto por mi propia voluntad en un equivocado curso de acción, reflexiono acerca de lo estúpido que fui. Y entonces veo claramente cuántas cosas me indicaban que yo iba en una dirección equivocada. Un ángel tras otro se detuvieron en mi camino, pero fui tan arrogante que no pude verlos. Estaba muy seguro de saber lo que era correcto.

Una clave que nos advierte con toda seguridad que algo anda mal es la intuición de señales interiores; pese a que se tiende a ignorar el mensaje, he aprendido que es muy saludable hacer caso de él. Mientras más fuerte y persistente sea la sensación, mayor es la seguridad de que algo anda mal. Balaam se salvó de la destrucción porque finalmente escuchó a su asna y reconoció el peligro de seguir adelante. Nuestra voz interior nos alerta de peligros latentes que no podemos ver conscientemente. Observe las señales, siempre las veremos si realmente deseamos reconocerlas.

Elimine el resentimiento de su vida

Después dio a luz a Abel, hermano de Caín. Abel se dedicó a pastorear ovejas, mientras que Caín se dedicó a trabajar la tierra. Tiempo después, Caín presentó al Señor una ofrenda del fruto de la tierra. Abel también presentó al Señor lo mejor de su rebaño, es decir, los primogénitos con su grasa. Y el Señor miró con agrado a Abel y a su ofrenda, pero no miró así a Caín ni a su ofrenda. Por eso Caín se enfureció y andaba cabizbajo. Entonces el Señor le dijo: "¿Por qué estás tan enojado? ¿Por qué andas cabizbajo? Si hicieras lo bueno, podrías andar con la frente en alto. Pero si haces lo malo, el pecado te acecha, como una fiera lista para atraparte. No obstante, tú puedes dominarlo "

Génesis 4:2-7

El resentimiento es una de las emociones humanas más destructivas y, desafortunadamente, una de las más comunes. Su veneno puede dañar hasta las relaciones más cercanas. La historia de Caín y Abel nos advierte contra los peligros del resentimiento, y nos muestra cómo prevenirlo. Si el resentimiento entra en nuestras vidas, debemos aprender a curarnos de él antes de que dañe permanentemente cualquiera de nuestras relaciones.

Yo fui testigo recientemente de cómo este sentimiento hizo pedazos una amistad. Dos amigas íntimas, Betty y Sheryl, se habían conocido en la escuela secundaria, y desde entonces mantuvieron una cariñosa amistad durante casi diez años. Sheryl consiguió un trabajo en una próspera agencia de publicidad, y cuando hubo necesidad de más personal, recomendó a su amiga Betty con su jefe. Esta consiguió un puesto y trabajó duramente para alcanzar el éxito.

Un año después, las dos amigas fueron nominadas para obtener un cargo más elevado en un puesto administrativo. Betty lo ganó.

El resentimiento que Sheryl sentía la hizo explotar pocos días más tarde, cuando habló conmigo: "Supongo que no soy muy justa", me dijo, "pero, en primer lugar, fui yo quien le consiguió el trabajo a Betty. Me despedacé por ella, y mire ahora lo que me ha hecho. Yo realmente quería ese puesto. Ojalá no me sintiera así, pero ni modo. Ya no quiero tener nada que ver con ella".

Yo le dije que su resentimiento por haber perdido esa promoción era comprensible. Sin embargo, le sugerí que se diera cuenta del peligro inherente a la emoción que sentía contra su amiga. La historia de Caín y Abel es un ejemplo muy dramático de ello. En este pasaje se encuentra el origen de la violencia humana, la pasión y la incomprensión. Aquí también se encuentran el odio, la arrogancia, la culpa, el arrepentimiento, el temor y la desesperación.

Pero, sobre todo, la historia se centra en la enfermedad emocional causada por el resentimiento. Dios elige el sacrificio que le ofrece Abel, y eso enfurece tanto a Caín que asesina a su propio hermano en un arrebato de celos. ¡Vaya si es peligrosa esa emoción! El resentimiento nubla nuestra visión, nos ciega totalmente y empaña nuestra capacidad de razonar. Pero lo peor de todo es que envenena nuestra relación con los demás y da lugar a muchos conflictos. Incluso puede llevarnos a cometer un crimen.

A menudo, el resentimiento surge cuando creemos que los demás no comprenden nuestros sacrificios. Caín sacrificó lo mejor de su cosecha a Dios. Él había trabajado duramente para obtener esos frutos y los ofreció en abundancia. Pero había algo incorrecto en la actitud de Caín relacionado con su sacrificio. Su reacción a la preferencia de Dios por Abel mostró que esperaba algo en recompensa por su ofrecimiento. No presentó sus dones desinteresadamente, con un gozoso agradecimiento por todo lo que había recibido en la vida. Caín no realizó un sacrificio amoroso, lo que hizo fue tratar de establecer un pacto. Esperaba ganar la que creía que era una competencia por obtener la aprobación y el amor de Dios.

A menudo, el resentimiento surge cuando nuestros amigos dejan de mantener un pacto que nunca hicieron. Nuestros sacrificios por ellos -tal vez un favor que les hicimos o alguna ayuda que les dimos- nos han puesto en una posición especial. Y cuando ellos no se ajustan a lo que nosotros esperábamos secretamente, nos sentimos heridos y defraudados.

Para combatir el resentimiento es necesario darse cuenta de que estos pactos secretos son muy injustos para nuestros amigos. Podemos prevenir estas situaciones si examinamos los motivos y nos aseguramos de no tener en la mente tales tratos cuando hacemos un favor o damos algo de nosotros mismos. Si el resentimiento surge, podemos curarnos de él al liberar mentalmente a nuestros amigos de estos convenios fantasmas.

El mensaje bíblico es muy claro: el sacrificio tiene sentido sólo cuando se hace por amor. El sacrificio verdadero no pide nada a cambio. No debe ser un doloroso desprendimiento de una preciada posesión, sino un don voluntario lleno de amor y rebosante de gratitud por la bondad de Dios hacia nosotros.

Después de analizar este pasaje con Sheryl, se dio cuenta de que había esperado la gratitud eterna de su amiga por la ayuda que le dio. También había esperado que Betty se mantuviera siempre en el mismo nivel que ella en la compañía, incluso un poco más abajo. Pero Sheryl se dio cuenta de que su amiga no conocía (ni compartía) estas expectativas, así que se disculpó con ella por su incomprensión, y así su amistad quedó a salvo.

Nunca vuelva a convertirse en una víctima

El reino de los cielos es como aquellas diez jóvenes solteras que tomaron sus lámparas para recibir al novio. Cinco eran insensatas y cinco prudentes. Las insensatas llevaron sus lámparas, pero no se abastecieron de aceite. Las prudentes llevaron el aceite junto con sus lámparas. Como el novio tardaba en llegar, todas se durmieron. A medianoche se escuchó: "¡Ahí viene el novio! ¡Salgamos!" Las jóvenes se despertaron y prepararon sus lámparas. Las insensatas dijeron: "Dennos aceite porque nuestras lámparas se están apagando." "No", respondieron las otras, "porque no alcanzará para todas. Mejor cómprenlo." Mientras eso hacían, llegó el novio, y las jóvenes que estaban preparadas entraron con él al banquete de bodas. La puerta se cerró. Al llegar las otras: "¡Señor!", suplicaban, "¡ábrenos la puerta!" "¡No las conozco!", respondió él. "Por eso", agregó Jesús, "manténganse despiertos porque no saben ni el día ni la hora".

Mateo 25:1-13

Al leer las parábolas de Jesús nos sentimos tentados a colocarnos del lado de los ganadores y ver con desdén a los perdedores. Pero pensar así significa perder mucho de la profundidad del mensaje cristiano. Es necesario darse cuenta de que el Señor, a menudo, se dirige a esa parte de nosotros que se siente secretamente perdida y abatida. También nos enseña cómo dominar los defectos de carácter que nos llevan a la infelicidad, y cómo recobrarnos de las heridas y los sufrimientos de la vida.

La parábola de las vírgenes prudentes y las vírgenes insensatas es un maravilloso ejemplo del sistema que utiliza el Señor para sanarnos. Para entender su mensaje, es necesario revertir el curso normal de nuestros pensamientos. El primer impulso es identificarnos con las vírgenes prudentes y sentimos superiores a las insensatas. Pero, ¡pruebe lo contrario por un momento! Trate de pensar en sí mismo como si fuera una de las vírgenes insensatas. Usted ha sido excluido de la fiesta nupcial. En el interior, el gozo y la celebración; afuera, la decepción y la frustración. ¡Qué sentimientos tan miserables!

¿Es algo familiar? La mayoría diríamos que sí. Todos hemos envidiado la vida de otras personas. Cada una de ellas se siente feliz y satisfecha. ¿Por qué yo no? ¿Por qué soy tan infortunado? ¿Por qué siempre me pierdo de lo mejor?

Algunos se sienten así la mayor parte de su vida. Denise era una de estas personas. Ella iba ya por su tercer esposo y cada una de sus relaciones era un desastre: su primer marido se escapó con su mejor amiga; el segundo era un alcohólico que nunca quiso ponerse bajo tratamiento, y su marido actual era un desempleado crónico, aunque estaba capacitado en un área técnica de mucha demanda. Por lo tanto, decidió divorciarse de él.

"Los hombres están podridos", me dijo. "Son como niños, que sólo quieren una mamá que se preocupe por ellos."

"¿Son tan terribles en realidad?", le pregunté.

"Al menos los que están disponibles. Los buenos se casan demasiado pronto. Rara vez me he encontrado con un hombre decente. Y cuando eso sucede, ellos no quieren nada conmigo. ¡Es mi suerte! No soy el tipo que gusta a los buenos. Ellos sólo buscan cositas dulces y jóvenes, con cuentas en el banco. Yo soy demasiado vieja, y nunca he tenido una relación satisfactoria. En serio."

La parábola de Jesús nos muestra que el sentimiento de "virgen insensata" de Denise tiene un origen en la inmadurez emocional. Las lámparas del pasaje de las vírgenes simbolizan la luz interior y la satisfacción en nuestras vidas. Tener madurez y sabiduría significa preocuparse de esta luz interior. Nadie puede hacerlo por nosotros.

Denise, por ejemplo, nunca se dio cuenta de sus propios errores en el fracaso de sus relaciones; ella culpó a sus maridos o a su propia edad, y creyó que su situación se debía a su mala suerte. Pero nunca reconoció que ella había elegido a los hombres con quienes se casó, y a quienes permitió que la manipularan. Denise tenía que darse cuenta de que sólo ella podría cambiar su vida para encontrar la satisfacción.

Cuando el aceite de sus lámparas se agotó, las vírgenes insensatas trataron de conseguir un poco en préstamo. Es decir, dependían de los demás para su gozo y satisfacción, lo cual es otro signo de inmadurez emocional. En el caso de Denise, ella buscó su realización personal únicamente a través de su relación con los hombres. Para ella, la felicidad sólo podía provenir de los otros. No se daba cuenta de que la felicidad también se encontraba en ella misma y en sus propios recursos.

Pero, ¿la actitud de las vírgenes prudentes no es muy egoísta en esta parábola? ¿Dónde está la generosidad que generalmente acompaña a la verdadera sabiduría? La parábola responde a ello y nos da un agudo mensaje acerca de la ayuda a los demás.

Por supuesto, deberíamos ser generosos con aquellos que realmente necesitan ayuda. Pero cuando actuamos como una muleta para quienes deben aprender a caminar por sí mismos, entonces les hacemos más daño que bien. Fomentar la dependencia y la autocompasión sólo estropea más el potencial de las personas.

Denise necesitaba tener confianza en que ella podía dar un sentido a su vida utilizando sus propios recursos. No necesitaba para nada la aprobación de los demás; por sí misma podía elegir aquello que le traería la felicidad.

La lección es muy clara: el festejo nupcial que celebra la vida está abierto a todos los que aprendan a ser maduros, seguros y confiados como las vírgenes prudentes. Si aplica esta sabia visión a su vida, nunca volverá a ser víctima de la autocompasión.

Cómo combatir las tentaciones

Luego el Espíritu llevó a Jesús al desierto para que el diablo lo sometiera a tentación. Después de ayunar cuarenta días y cuarenta noches, tuvo hambre. El tentador se le acercó y le propuso: "Si eres el Hijo de Dios, ordena a estas piedras que se conviertan en pan." Jesús le respondió: "Escrito está: 'No sólo de pan vive el hombre, sino de toda palabra que sale de la boca de Dios'."

Mateo 4:1-4

Las tentaciones son universales. Todos hemos sentido alguna vez la urgencia de hacer o decir algo, aunque sepamos que está mal. No importa cuán fuertes seamos, la tentación nos atrapa e invade nuestras mentes y nuestros corazones. Jesús también se sintió así, por eso incluyó un ruego a propósito de ello en la oración que enseñó a sus discípulos: "No nos dejes caer en la tentación..." Afortunadamente, la Biblia nos dice cómo combatirla. De hecho, el consejo bíblico sobre este tema resulta mucho más eficaz que algunas técnicas terapéuticas modernas.

En primer lugar, las Escrituras nos aseguran que las tentaciones no son signo de debilidad moral. En este relato del Evangelio de san Mateo, se nos cuenta que el Espíritu de Dios condujo a Jesús al desierto para ser tentado. Dicho de otra manera, las tentaciones son inevitables, así que no se sienta mal cuando lo acechan. No tiene por qué; usted sólo experimenta algo normal en todo ser humano.

En segundo lugar, se nos advierte que nos cuidemos de ciertas tentaciones que son verdaderamente insidiosas. El diablo le pide a Jesús que realice un milagro muy sencillo en apariencia: convertir las piedras en pan. ¿Por qué no? Eso no le hace daño a nadie. Jesús está hambriento y le sería muy fácil obrar un milagro tan sencillo e insignificante como ése, además de que, efectivamente, resolvería parte de sus problemas. Pero el Señor se da cuenta de que esa tentación implica más de lo que parece, más que cumplir con la petición que le hacen.

Todas somos tentados con pequeñas cosas que sabemos que no deberíamos hacer: comer o beber de más, decir una mentirilla, fumar un cigarro cuando prometimos no hacerlo más o gastar más dinero del que nos permite nuestro presupuesto. Estas "pequeñas" tentaciones son difíciles de resistir, tal como la que enfrentó Jesús.

Pero, de hecho, era mucho más peligrosa. El diablo albergaba un siniestro deseo: quería que Jesús abandonara sus ideales y optara por el camino más fácil. El diablo quería distraer a Cristo de sus verdaderas metas y propósitos y convencerlo de que abandonara sus esfuerzos por alcanzar la justicia y la paz. La tentación de realizar el sencillo milagro de convertir las piedras en pan es, en realidad, la tentación de hacer a un lado las más altas aspiraciones a cambio de un poco de satisfacción y seguridad.

Esta clase de tentaciones pueden dañarnos mucho si nos rendimos a ellas. Si lo hacemos, la tentación ha conseguido una rotunda victoria. Si ignoramos el dolor y el sufrimiento que existen a nuestro alrededor disfrutando lo que tenemos y no nos preocupamos de nuestro prójimo, entonces la tentación nos ha ganado. La Biblia dice que estas tentaciones son las más insidiosas y que debemos cuidarnos celosamente de ellas.

Ahora vayamos a las cuestiones prácticas. ¿Qué podemos hacer para combatir estas tentaciones? ¿Cuál es la mejor estrategia contra ellas?

Jesús utilizó dos armas muy poderosas. La primera es tener un sentido muy claro de la escala de valores. El conocía muy bien lo que quería llevar a cabo y actuó cautelosamente contra todo aquello que pudiera impedirle cumplir su propósito. Esto nos puede servir como ejemplo de las cualidades a las que todos debemos aspirar.

Usted puede usar esta misma forma de pensar al luchar contra sus propias tentaciones. Establezca claramente sus valores y concéntrese en los ideales que abriga su alma. Cuando las tentaciones lo asalten, considere lo destructivas que pueden ser para usted y para sus seres amados. Piense por un momento en lo poco que obtiene del placer, y cuán pasajero es y, por otra parte, todo lo que tendría que sacrificar por él. Tales pensamientos pueden ayudarle a mantenerse fuerte y seguro.

En segundo lugar, Jesús combate la tentación con algo que la mayoría de los psicólogos ignoran: la fuerza de voluntad, tan pasada de moda en estos tiempos. Los psicólogos han abandonado la noción de voluntad. La gente, dicen, se guía por fuerzas instintivas que están fuera de su control.

Pero eso no es verdad, todos tenemos voluntad y podemos fortalecerla si la usamos cotidianamente. De la misma manera que el ejercicio físico, es necesario comenzar poco a poco y practicar día tras día. Establezca metas modestas al principio para alcanzar el éxito y recompénsese cuando lo logre.

Por ejemplo, tal vez usted no pueda dejar de fumar por completo, pero puede decidir dejar de hacerlo en presencia de los niños. Quizá no pueda seguir un dieta muy estricta, pero puede dejar de comer postres en la comida. Parecen asuntos muy sencillos, es cierto, pero con cada éxito, usted obtiene una visión muy clara de lo que puede llegar a hacer y se sentirá muy bien de que las cosas funcionen. Por otra parte, se sorprenderá de lo rápido que crece su sensación de autocontrol.

Un claro sentido de los valores y una voluntad fuerte nos permitirán resistir aun las más intensas tentaciones. Por desgracia, eso no elimina la tentación en sí misma, pero los ideales elevados y el autocontrol nos ayudarán a manejar todo lo que venga.

De qué manera el mal uso del lenguaje puede destruir la autoestima

Luego dijeron: "Construyamos una ciudad con una torre que llegue hasta el cielo. De ese modo nos haremos famosos y evitaremos ser dispersados por toda la tierra." Pero el Señor bajó para observar la ciudad y la torre que los hombres estaban construyendo, y se dijo: "Todos forman un solo pueblo y hablan un solo idioma; esto es sólo el comienzo de sus obras, y todo lo que se propongan lo podrán lograr. Será mejor que bajemos a confundir su idioma, para que ya no se entiendan entre ellos mismos." De esta manera el Señor los dispersó desde allí por toda la tierra, y por lo tanto dejaron de construir la ciudad. Por eso a la ciudad se le llamó Babel, porque fue allí donde el Señor confundió el idioma de toda la gente de la tierra, y de donde los dispersó por todo el mundo.

Génesis 11:4-9

Los niños se burlan unos de otros con la cancioncilla "Palos y piedras rompen mis huesos, pero las palabras no me hacen nada". Los antiguos escritores bíblicos, tanto como los psicólogos modernos, conocen la falsedad de tal idea. El poder del lenguaje es un tema central en la historia de Babel. El lenguaje tiene el poder de curar o de hacer daño, y este antiquísimo relato revela la capacidad del lenguaje y muestra la importancia de darle un buen uso.

Los gestos y las emociones acompañan las palabras que usamos para describirnos a nosotros mismos y para comunicarnos con los demás. Los terapeutas, incluso, creen que muchas formas de depresión tienen su origen en las palabras que se usan y en la forma en que se expresan las experiencias vividas. Las personas con depresión crónica, por ejemplo, utilizan palabras negativas al hablar de ellas mismas y de los acontecimientos que ocurren a su alrededor.

Ken era un exitoso profesor de preparatoria cuyos pensamientos encajan en este modelo. Un semestre, se encontró a sí mismo incapaz de continuar con sus clases a causa de una severa depresión. Más tarde, él me dijo que en esa época se descubría a sí mismo repitiendo una y otra vez, en su mente, las siguientes frases: "Soy un fracasado. No importo nada".

Ken estaba convencido de que su éxito era un hábil engaño que había perpetrado durante toda su vida. Estaba seguro de que era estúpido e incompetente, y creía honestamente que había engañado a todos durante más de veinte años.

Ken se las arreglaba para encontrar formas negativas de calificar cada experiencia exitosa como un desastre. Por ejemplo, si un colega alababa su trabajo, o un estudiante elogiaba su manera de enseñar, él "escuchaba" un toque de sarcasmo en sus voces. Lo que ellos habían querido decir era que conocían sus defectos y su incompetencia, y se preocupaba por eso días enteros. Por el contrario, si se daba cuenta de que las alabanzas eran sinceras, se decía a sí mismo que continuaba engañándolos, y vivía atemorizado de que finalmente descubrieran el fraude y lo expusieran al mundo.

La depresión de Ken dependía de una sola palabra: "fracaso". Esta palabra dominaba su vida porque creía que lo describía de manera absoluta. Y repetir esta palabra en su mente lo sumió en una angustia emocional y una confusión intelectual. El había creado su propia Torre de Babel y no podía escapar de ella.

Esa sensación de fracaso comenzó a afectar su trabajo. Puesto que esperaba ser rechazado por su fracaso imaginario, se sentía ya rechazado. Esto sólo aumentaba su sensación de fracaso. Y lo peor es que, como sentía que era algo inevitable, dejó de trabajar seriamente en sus proyectos y en la preparación de las clases. Al final, se hizo necesario que se ausentara durante un tiempo.

El relato de la Torre de Babel pone el énfasis en los peligros de usar mal el lenguaje. La gente se vuelve prisionera del "nombre" que usan para designarse a sí mismos. Construyen una torre basada en falsas suposiciones y en pensamientos irreales. El resultado es la confusión absoluta.

Este pasaje nos enseña a tener gran cuidado con los calificativos que usamos para nosotros mismos y para los demás. Podemos evitar construir torres de autoengaño y dolor si observamos nuestros patrones de pensamiento. Todos tenemos la capacidad para interrumpir tales patrones pues los calificativos tienen poder sólo si estamos convencidos de que no se pueden cambiar.

El mensaje bíblico nos enseña a escapar de la confusión. Podemos utilizar calificativos más saludables para describir las experiencias. Al reconocer el poder del lenguaje, podemos seleccionar palabras y frases que describan exactamente quiénes somos y qué hacemos.

También es necesario que cuidemos las palabras con que escribimos a otras personas. Esto es verdad especialmente en lo que se refiere a los niños. Cuando los niños aprenden a usar el lenguaje, una de las tareas más importantes es encontrar los calificativos que pasarán a formar parte de su identidad, porque ellos influirán en sus percepciones, las actitudes hacia los demás y el rumbo que tomarán sus vidas. Ningún niño debe ser llamado de manera negativa, pues incluso un chiste que contenga malas palabras puede ejercer una grave influencia en ellos. En lugar de eso, los niños necesitan el valor que un lenguaje positivo les otorga. Ken aprendió a lo largo de meses de intensa terapia que había sido calificado como un "fracaso" por un adulto desconsiderado cuando él era muy joven. A esa edad no entendió el poder de tal palabra, pero ahora era capaz de ver lo inexacta que era. De esa manera pudo liberarse de sus efectos para siempre. Nosotros podemos prevenir esta clase de enfermedades en nuestras propias vidas al recordar la confusión de Babel. Esta historia nos enseña a comunicarnos en forma responsable y saludable con los demás.

Supere el miedo a la muerte

Mientras comían, Jesús tomó pan y lo bendijo. Luego lo partió y se lo dio a sus discípulos, diciéndoles: "Tomen y coman; esto es mi cuerpo." Después tomó la copa, dio gracias, y se la ofreció diciéndoles: "Beban de ella todos ustedes. Esto es mi sangre del pacto, que es derramada por muchos para el perdón de pecados. Les digo que no beberé de este fruto de la vid desde ahora en adelante, hasta el día en que beba con ustedes el vino nuevo en el reino de mi Padre".

Mateo 26:26-29

Tal vez todos tenemos una gran fe y somos fuertes y valerosos. Pero, cuando reflexionamos sobre ello, nos damos cuenta de que todos compartimos un miedo fundamental hacia la muerte.

El temor a morir es natural. Estamos programados para evitar instintivamente el peligro, y el miedo nos hace esforzamos y protegemos de cualquier posible daño.

En algunos casos, sin embargo, las enfermedades exageran este temor, que se convierte en algo obsesivo y envenena nuestra vida emocional, y un estado así nos impide disfrutar de la vida.

Evan era un joven estudiante cuyo mejor amigo murió en un accidente marítimo. Evan se sintió angustiado ante su muerte. Y después de tres meses, su vida emocional estaba tan complicada que difícilmente podía salir de su cuarto. Sus calificaciones bajaron, y él evitaba las fiestas e incluso las conversaciones personales. Se convirtió en un virtual recluso.

"Parte del asunto se debe a un sentimiento de culpa", me dijo. "Me pregunto por qué Chuck está muerto y yo no. Yo fui a pescar muchas veces con él en el mismo bote hasta dos semanas antes del accidente. ¿Por qué no me morí?"

"Pero el problema va más allá" siguió diciendo. "No tengo ninguna motivación. La vida parece tan ridículamente frágil. Podría morir en cualquier momento, eso me aterroriza. Si uno muere de esa manera, ¿qué caso tiene seguir adelante? Me he sentido enfermo del estómago todo el tiempo."

La descripción que hace san Mateo de la Ultima Cena nos ofrece una invaluable ayuda para encarar el miedo a morir.

Por el tiempo de la Pascua, Jesús ya sabía que su muerte era inminente. Conocía la conspiración para prenderlo y ejecutarlo, así que les dijo claramente a sus discípulos que esa sería su última comida juntos sobre la tierra.

Jesús no estaba inmunizado contra el temor a la muerte. Su oración en el jardín de Gethsemaní está llena de ansiedad y dolor humano. Sin embargo, no permitió que este temor se apoderara de él. En lugar de eso, otorgó a sus discípulos un don terapéutico que los ayudaría a enfrentar sus propias ansiedades.

Este don de la comunión es una parte central de la misa cristiana, pero detrás del rito ceremonial subyace un poderoso mensaje.

Jesús sabe que la muerte es tan temible porque nos separa de la gente que amamos y del gozo y la maravilla de vivir. Pero el temor a la muerte también puede alejarnos de nuestros amigos y reprimir nuestra felicidad. Si permitimos que esto suceda, la muerte habrá triunfado de nuevo.

Jesús enseña a sus discípulos que la manera de tratar con este temor es celebrar la vida con los seres amados. Y esta celebración debe impregnar todo lo que hacemos y sentimos cada día.

La celebración no intenta negar los temores. Más bien los reconoce y nos permite gozar de la vida a pesar de ellos. Podemos celebrar la vida de mil maneras diferentes además de la forma propiamente religiosa. Halagar a un amigo o hacer un favor a alguien, ayudar a un niño a lograr algo o compartir una nueva y maravillosa receta con una vecina. Es cuestión de estar contentos con los demás. Esta es una clase de comunión que realza nuestras vidas y nos ayuda a vencer en la batalla contra los temores.

El control de las emociones

Encuentre la calma para enfrentar las crisis

En eso, uno de los que estaban con él extendió la mano, sacó la espada e hirió al siervo del sumo sacerdote, cortándole una oreja. "Guarda tu espada", le dijo Jesús, "porque los que a hierro matan, a hierro mueren. ¿Crees que no puedo acudir a mi Padre, y al instante pondría a mi disposición más de doce batallones de ángeles? Pero entonces, ¿cómo se cumplirían las Escrituras que dicen que así tiene que suceder?"

Mateo 26:51-54

La paz interior que muchos vieron en Jesús, y más tarde en los discípulos, no era accidental. Jesús sabía que el poder curativo de la calma interior da confianza, y él era capaz de irradiarla hacia sus seguidores. Todos podemos acceder a este don para tener un arma contra los conflictos que enfrentamos diariamente.

Nuestros conflictos casi nunca son tan violentos como la pelea que se dio entre Pedro y el soldado. Pero de cualquier manera pueden dejarnos con una sensación de agobio, como si hubiéramos participado en un combate físico. Por ejemplo, conducir un automóvil se ha convertido en un asunto de hostilidad y competencia necia. Las discusiones acerca de aparatos defectuosos, cuentas por pagar o errores en los estados de cuenta que nos envía el banco son muy abundantes, además de las discusiones domésticas entre parejas comprensivas y amorosas, que también son inevitables.

¿Y dónde encontrar la calma interior para enfrentar los conflictos y no convertirlos en una catástrofe emocional?

¿Dónde está la paz interior que necesitamos cuando el mal genio nos domina? Contar hasta diez a veces funciona, pero necesitamos una base más firme para nuestra estabilidad emocional.

Cuando es apresado por los soldados romanos, Jesús demuestra sus principios al evitar la violencia. Cuando el compañero de Jesús (por el Evangelio de san Juan sabemos que era Pedro) ataca al siervo del sumo sacerdote, nos parece comprensible; nosotros mismos reaccionaríamos airadamente y con violencia cuando algo o alguien a quien apreciamos es maltratado. Pero es inútil actuar así. El soldado no es responsable de la aprehensión de Jesús, y el ataque de Pedro no es sino un gesto vacío que sólo causa daños.

Esto es muy semejante a aquellos casos en los que montamos en cólera de modo absurdo, aunque sea por una buena causa. Sólo empeoramos la situación. Y aun en este momento de crisis, Jesús nos enseña que las explosiones irracionales son tan dañinas para nosotros como para aquellos en quienes las descargamos.

Cuando estamos próximos a explotar emocionalmente, debemos preguntarnos si tales arranques realmente ayudarán a alguien. Si la respuesta es no, entonces debemos reprimir nuestra conducta.

El incidente también revela una táctica que puede traer la calma en situaciones candentes. ¡No se exalte! Jesús estaba a punto de convertirse en una víctima de la violencia porque la situación estaba muy tensa. Si hubiera permitido el desenfrenado ataque de Pedro, no sólo habría arriesgado su vida, sino también la de sus seguidores. Los conflictos, si no son frenados, llegan a tan altos niveles de expresión que sólo pueden terminar en el desastre.

Y esto también es verdad en relación con las discusiones domésticas. Trate de identificar los puntos a discutir y no se salga de ellos. Cuídese de tratar otros asuntos que estén cargados de emociones muy personales. Rehúsese a seguir el juego. Si la discusión se centra en un solo tema, liberará sus emociones y la calma regresará a usted.

El tercer punto en este relato es que Jesús sabía que el dolor y el sufrimiento que está a punto de encontrar forman parte de un plan muy elevado. Y no puede realizar este plan sin ser apresado por los soldados. Este conocimiento le permite enfrentar la crisis con calma y seguridad. Por su parte, Pedro ataca al siervo porque no conoce los propósitos de su Maestro. Si Pedro hubiera conocido que todo eso era necesario, nunca habría montado en cólera.

Esta es una lección que debemos aprender en nuestra búsqueda de esa paz interna que nos permitirá enfrentar efectivamente las crisis. Y no podremos alcanzar este nivel de seguridad mientras no conozcamos los propósitos que guían nuestras vidas. No podremos enfrentar la frustración y las contrariedades a menos que las consideremos como parte del precio que debemos pagar por lograr lo que realmente deseamos.

Si aprendemos a evitar los conflictos inútiles y a prevenir todo tipo de exaltaciones, podremos alcanzar fácilmente la paz interna. No sólo nos ayudará a sentirnos bien, sino que también seremos capaces de tranquilizar a los demás y guiarlos a una adecuada solución de los problemas.

Libérese para siempre de la ansiedad

Luego dijo Jesús a sus discípulos: "Por eso les digo, no se preocupen por su vida, qué comerán; ni por su cuerpo, con qué se vestirán. La vida tiene más valor que la comida, y el cuerpo más que la ropa. Fíjense en los cuervos: no siembran ni cosechan, ni tienen almacén ni granero; sin embargo, Dios los alimenta. ¡Cuánto más valen ustedes que las aves! ¿Quién de ustedes, por mucho que se preocupe, puede añadir una sola hora al curso de su vida? Ya que no pueden hacer algo tan insignificante, ¿por qué se preocupan por lo demás?"

Lucas 12:22-26

La ansiedad es probablemente el más común de los problemas psicológicos del mundo moderno. Todos la hemos sentido:

estamos ansiosos acerca de nuestro trabajo, de la apariencia que tenemos y de la impresión que causamos en los demás; estamos ansiosos acerca de nuestro hogar, nuestras relaciones y nuestra salud. Pero más que nada, el dinero es la causa principal de todas nuestras ansiedades.

Esta enfermedad se manifiesta en forma de dolor agudo e inoportuno, como un dolor en el estómago o como un dolor de cabeza que no nos abandona durante días enteros. A veces, la ansiedad acecha furtivamente bajo la superficie de la conciencia como una vaga sensación de miedo e infelicidad. Muchos se hacen adictos a las drogas o al alcohol para liberarse de ella; otros se sumergen en el ejercicio o en el trabajo como una forma de escape. Pero, a todos, la ansiedad los amenaza con bloquear el placer y el gozo de vivir, e interfiere con el trabajo creativo y productivo.

Jesús notó esta clase de angustia en sus discípulos, quienes se mostraban ansiosos acerca del lugar que ocuparían en el reino de los cielos. El sabía que esta era, en realidad, una manifestación de temor por el futuro y por sus familiares y amigos.

Jesús no vino a la tierra a eliminar el alboroto y los problemas de la vida que se derivan del ser humano. Pero tenía una medicina contra la ansiedad que estos problemas generan en nosotros. Y su aplicación es tan efectiva hoy como lo fue en los tiempos bíblicos.

El programa de Jesús para eliminar la ansiedad de nuestras vidas tiene dos fases: en primer lugar, él nos pide que comprendamos que la ansiedad no añade ni un solo instante a nuestro promedio de vida; en otras palabras, la ansiedad es simplemente inútil. No importa cuál sea el problema, la ansiedad no lo resolverá.

Piense por un momento en los problemas que tiene. Tal vez un amigo o un pariente esté seriamente enfermo. Ciertamente, usted se siente ansioso, pero ¿ayuda eso a curar la enfermedad? ¡Por supuesto que no! Todos nos hemos sentido ansiosos a causa de las cuentas por pagar. Desafortunadamente, eso nunca ha aumentado nuestra cuenta bancaria ni un solo peso. Tampoco arreglará el carro si se descompone, ni nos permitirá ir más rápido hacia el trabajo cuando hay mucho tráfico.

La ansiedad nunca resuelve los problemas. Por el contrario, impide que se realicen acciones efectivas. Nubla nuestros pensamientos e interfiere con nuestra habilidad para tomar decisiones; además, exagera los problemas y nos hace imaginar dificultades que realmente no tenemos.

Darnos cuenta de que es una emoción inútil nos prepara para la segunda fase —la fase práctica— del programa antiansiedad de Jesús.

Cuando él dice que la vida es más que el alimento, y el cuerpo es más que el vestido, nos está presentando una estrategia muy valiosa. Si sólo tomamos en cuenta aquellos problemas que realmente importan, la mayoría de las ansiedades se eliminarán para siempre. Esta emoción a menudo surge cuando las tareas mundanas y sin importancia nublan la imagen de lo que verdaderamente queremos alcanzar en la vida.

No importa lo duro que trabajemos y cuán exitosos seamos, si no perseguimos aquello que realmente importa siempre sentiremos que hemos fallado.

En otras palabras, Jesús nos está diciendo que nos preocupemos de los problemas reales y nos olvidemos del "y qué tal si". ¿Qué tal si al jefe no le gusta mi presentación? ¿Qué tal si roban la casa durante mi viaje de vacaciones fuera de México? ¿Qué tal si mi partida fracasa? Estos problemas imaginarios no tienen solución porque, sencillamente, no existen.

Jesús nos pide que no perdamos el tiempo con problemas inexistentes. Por supuesto, eso no quiere decir que no estemos preparados para el futuro. El era un hombre muy práctico, pero prepararse para el futuro es muy diferente de estar agitado por calamidades que sólo existen en la imaginación. Necesitamos concentrarnos en lo que queremos alcanzar aquí y ahora, planear sobre posibilidades reales y no meternos en problemas que sólo existen en nuestra cabeza. Si hacemos eso la ansiedad se esfumará. Debemos vivir el presente con plenitud y trabajar por alcanzar nuestro potencial más alto.

Cómo expresar enojo sin herir a los demás

Cuando cayó la tarde, salieron de la ciudad. La higuera seca. Por la mañana, al pasar junto a la higuera, vieron que se había secado de raíz. Pedro, acordándose, le dijo a Jesús: "¡Rabí, mira, se ha secado la higuera que maldijiste!". "Tengan fe en Dios", respondió Jesús. "Les aseguro que si alguno le dice a este monte: 'Quítate de ahí y tírate al mar', creyendo, sin abrigar la menor duda de que lo que dice sucederá, lo obtendrá. Por eso les digo: Crean que ya han recibido todo lo que estén pidiendo en oración, y lo obtendrán. Y cuando estén orando, si tienen algo contra alguien, perdónenlo, para que también su Padre que está en el cielo les perdone a ustedes sus pecados,"

Marcos 11:19-26

Generalmente, cenar en el restaurante Albertson's era algo muy placentero. Pero esta noche había sido muy diferente: la hija de John, de cinco años, volcó accidentalmente su plato sobre el mantel y su padre se puso iracundo. Entonces su hijo más pequeño, Benji, comenzó a llorar, y John envió a los dos niños a la cama. Luego, su esposa se sintió indispuesta. La cena de esa noche definitivamente no fue placentera. Invité a John a caminar un rato y me dijo: "No se trata de los niños, es mi trabajo. Trabajé duro para conseguir una promoción y le dieron el puesto a alguien con la mitad de mi experiencia. He tratado de digerir el asunto a lo largo de toda la semana, porque no puedo pararme ante mi jefe y gritarle. Además ya es muy tarde. La decisión se tomó la semana pasada, así que llego a casa y descargo mi ira y mi frustración en Sharon y los niños. Me odio a mí mismo por ello, pero ¿qué puedo hacer?"

Todos experimentan ira. Sin embargo, todos tenemos problemas para aprender a manejarla. Expresar ira es doloroso, difícil y, a menudo, destructivo. Dejarse llevar por ella es mucho peor, porque puede llevarnos a una vida miserable. A veces, nos sentimos enervados por un penoso incidente que ocurrió hace años. La cólera reprimida puede destruir amistades y hasta matrimonios.

¿Pero cómo manejar esta emoción de manera positiva? Cuando uno piensa en la ira en relación con la Biblia el pasaje que primero viene a la mente es aquel en que Jesús echa fuera del templo a los cambistas en Jerusalén.

Al visitar el templo Jesús se encuentra a los mercaderes vendiendo animales para el sacrificio y cambiando monedas extranjeras, actividades que eran de práctica común en ese tiempo y estaban sancionadas por los sacerdotes del templo. No obstante Jesús se enfurece por lo que percibe como una violación del espíritu de santidad y adoración. Arroja fuera a los hombres de negocios y tira las mesas con monedas y jaulas de pájaros. Su ira es justa.

"Bueno, sé exactamente cómo se sentía", dijo John, cuando analizamos el relato. "Pero usted no está sugiriendo que vaya a mi oficina a hacer lo mismo, ¿verdad?" Yo le aseguré que una acción tan extrema como ésa no era necesaria. Pero el pasaje nos ofrece guías muy útiles. En primer lugar, aprendemos que expresar la ira es perfectamente adecuado en ciertas situaciones. Jesús no hubiera alcanzado su objetivo de manera tan efectiva de haber permanecido tranquilo. Y, aunque es verdad que ciertas situaciones exigen moderación, y que la ira inapropiada puede generar conflictos y herir injustamente a alguien, también es cierto que a veces es necesario expresarla. La cuestión consiste en el cuándo y en el cómo.

Jesús dice a sus discípulos que deben usarla en combinación con otros dos elementos espirituales: la fe y el perdón.

La ira en combinación con la fe tiene un propósito constructivo. Pregúntese a sí mismo: "¿Ayudará a alguien? ¿Es una ira saludable?" Si responde honestamente que sí, su ira es buena. Debemos tener confianza en esa voz interior que clama contra la injusticia y la maldad. La fe y la ira pueden, de verdad, "mover montañas".

Jesús también enseña que el perdón debe estar asociado a la ira, porque sin él, es siempre destructiva. Podemos perdonar una vez que hayamos reconocido, expresado y usado constructivamente nuestra cólera.

Finalmente, aprenderemos que la fe y el perdón nos dan la clave para controlar la ira. Y el control verdadero nos ayudará a encontrar formas efectivas de expresar nuestras emociones, ricas y rebosantes de perdón. Las emociones no desaparecen, pero el control nos ayuda a servirnos de ellas en beneficio de todos.

John escribió un memorando a su jefe en el que señalaba las prácticas injustas y otros problemas del departamento de personal. Expuso con energía el enojo que había sentido y se dio cuenta de que no estaba solo: la baja moral de los empleados traía efectos negativos a la productividad de la empresa. Y, aunque su jefe se resistió al principio, finalmente aceptó el punto de vista de John y le encargó la reorganización de todo el departamento.

La ira es saludable y productiva cuando se sabe usar. La combinación de ira, fe y perdón siempre le hará sentir felicidad y bienestar. Combata los temores y la depresión y tenga fe en que puede alcanzar el gozo de vivir. Perdone sus faltas y sus fracasos. La ira puede ser una fuente de maravillosa energía que le ayudará a transformar el mundo que le rodea.

HAGA USO DE SUS RECURSOS INTERNOS

Considere la integridad como una fuente de fortaleza

Los maestros de la ley que habían llegado de Jerusalén decían: "¡Está poseído por Beelzebú! Expulsa a los demonios por medio del príncipe de los demonios." Entonces Jesús los llamó y les habló en parábolas: "¿Cómo puede Satanás expulsar a Satanás? Si un reino está dividido contra sí mismo, ese reino no puede mantenerse en pie. Y si una familia está dividida contra sí misma, esa familia no puede mantenerse en pie. Igualmente, si Satanás se levanta contra sí mismo y se divide, no puede mantenerse en pie, sino que ha llegado su fin. Ahora bien, nadie puede entrar en la casa de alguien fuerte y arrebatarle sus bienes a menos que primero lo ate. Sólo entonces podrá robar su casa."

Marcos 3:22-27

Recientemente, una joven acudió a mí, presa de un estado emocional que ella misma describió como de absoluto disgusto y frustración. Había sido despedida de su empleo por defender a otro empleado contra cargos de mala administración. El verdadero culpable era sobrino del propietario. Desafortunadamente, como recompensa a su valor y honestidad al defender la verdad, ella y el acusado perdieron el empleo.

"¿Por qué debería mantener mi integridad?", se quejó. "¿Qué hay de bueno en ello?"

Yo creo que la integridad es un rasgo de carácter muy poco común en el mundo actual. A cada momento oímos hablar de deshonestidad, fraudes y mentiras en las instituciones modernas; incluso, por desgracia, en la Iglesia. Es comprensible pensar que la integridad está desapareciendo, pero yo sigo encontrando gente como esta joven, que hace el bien desinteresadamente.

Sin embargo, la cuestión que ella plantea es muy importante. ¿Hay alguna razón para conservarse fiel a los ideales y a las creencias morales, aunque a veces nos metan en problemas? La Biblia nos da una clara y práctica respuesta: la integridad es una fuente de inmensa fortaleza espiritual y emocional, y puede ser una poderosa fuerza curativa en nuestras vidas, a pesar de que a veces nos cause algún inconveniente. Abandonarla significa arriesgar nuestra vida espiritual y psicológica.

La Biblia nos ofrece muchos ejemplos de hombres y mujeres que fueron capaces de alcanzar metas que parecían imposibles gracias a su integridad. Las vidas de héroes bíblicos como Abraham, Moisés, David y los profetas dan fe de ello, igual que los apóstoles en sus esfuerzos por difundir el Evangelio después de la muerte de Jesús. Y la misma historia de Jesús, vista en su totalidad, muestra la fuerza que tiene la integridad, aun después de la muerte.

La respuesta de Jesús a los escribas. que lo acusan de curar con ayuda del diablo, describe la cuestión explícitamente. El ataque de los escribas supone una falta de integridad de Jesús en un sentido muy fundamental: lo acusan de obtener un poder de fuentes siniestras y corruptas, y de fingir que provienen de Dios cuando de hecho, según dicen. él está poseído por los demonios.

La respuesta de Jesús enseña, tanto a los escribas como a sus discípulos, una verdad fundamental acerca de la existencia humana. Él les pide que consideren de acuerdo con su propia experiencia, lo que ocurre cuando un pueblo o una nación se ven envueltos en conflictos internos. La nación se debilita y se vuelve incapaz de funcionar adecuadamente.

De igual modo, imaginemos lo que le sucedería a una casa si el soporte estructural se moviera en dos direcciones opuestas: la casa se derrumbaría porque no tiene fuerza para permanecer en pie.

Lo mismo vale para la conciencia humana. Cuando violamos nuestra integridad, nos dividimos internamente. Decimos una cosa, pero hacemos otra. Creemos algo, pero actuamos contra nuestras propias convicciones. Proclamamos ciertos valores, pero abrazamos otros y generamos conflictos que nos empujan en distintas direcciones. La desintegración interna se lleva a cabo y nos volvemos débiles e incapaces de obrar correctamente. Nos engañamos a nosotros mismos y saboteamos nuestros recursos. Como Jesús señala: perder la integridad es como ser robados por ladrones y quedar desamparados frente a ellos. Pero en este caso, somos los responsables de no poder actuar.

La respuesta de Jesús a los escribas es que sería imposible curar sin un firme poder personal. Y tal poder sólo puede provenir de una forma de vida honesta. Sin esta integridad interior, la palabra de Jesús sería totalmente ineficaz.

Le pedí a la joven que comprobara esta verdad en su propia situación. Le pedí que se imaginara lo que sería de su vida si no hubiera hablado con la verdad. ¿Cómo se hubiera sentido de haber permanecido en silencio o mentir para conservar su trabajo? Lo pensó un momento, y sonrió. Sabía que se hubiera sentido miserable y estaría atormentada por esa idea. "Yo iba a irme de todas maneras", me dijo. "Y nunca hubiera podido vivir a gusto conmigo misma otra vez."

Gracias a su integridad, ella fue capaz de enfrentar las dificultades de un desempleo temporal. Al final resultó fortalecida por esa prueba. Ya sabía que era capaz de mantener una unidad de espíritu y acción que la sostendría en cualquier circunstancia.

Esta es la fortaleza que la integridad infunde. A menudo resulta inconveniente y dolorosa, especialmente cuando, como Jesús, hay gente con intenciones de herirnos o destruirnos. Quizá al principio no podamos ver claro pero, al final, si actuamos directa y honestamente, nuestra unidad interna nos sustentará.

La clave para incrementar la energía

Los fariseos le preguntaron a Jesús cuándo vendría el reino de Dios, y él les respondió: "La venida del reino de Dios no se puede someter a cálculos. No van a decir: '¡Mírenlo acá! ¡Mírenlo allá!'. Dense cuenta de que el reino de Dios está entre ustedes".

Lucas 17:20-21

El trafago de la vida diaria nos deja física, emocional y espiritualmente exhaustos. Cuando finalmente llega la noche, somos incapaces de lavar un plato más, enfrentar otra crisis o decir una palabra más. Entonces pensamos en esas recias figuras de la Biblia, que seguían funcionando a pesar de la edad, la carga de trabajo y los innumerables obstáculos. ¿Dónde encontrar una fuente de energía parecida?

Por supuesto, todos tenemos algunos truquitos para mantener y aumentar la energía: tomamos vitaminas o una taza de café o hacemos un viaje al refrigerador. Pero cuando la cosa se pone dura, buscamos "ayudas" más peligrosas, tales como el alcohol o las drogas. Otros optan por el peligro y las emociones fuertes: una aventurilla secreta, conducir a altas velocidades o las apuestas en el juego. Con eso se busca una inyección de adrenalina que sustituya la energía emocional y espiritual que tanto anhelamos.

La psicología moderna nos ofrece una solución distinta: la energía que viene del fondo del inconsciente. Es lo que los freudianos llaman la libido; básicamente, se trata de energía sexual. Los freudianos dicen que si nos agotamos es a causa de reprimir nuestros impulsos sexuales y porque no damos rienda suelta a los instintos.

Por supuesto, la satisfacción total de los deseos sexuales es algo muy peligroso, por no decir inmoral. Pero el verdadero problema con las ideas freudianas es que no funcionan. Si tales ideas fueran ciertas, mientras más actividad sexual desplegáramos, tendríamos más energía. La verdad es que tal cosa no ocurre. No obtenemos más energía de la satisfacción de nuestras necesidades sexuales de las que obtenemos mediante cualquier otro ejercicio físico.

Debe existir otra fuente de energía espiritual pero, ¿cuál es? La Biblia nos dice que la verdadera fuente de toda energía es el Creador. Esto es cierto a propósito de la energía física que alimenta los aspectos materiales del mundo, tanto como de la energía espiritual y emocional que sustenta nuestros pensamientos y sentimientos. Dios nos ha dotado con un conducto que nos une a Su amor y poder. Esta vastísima reserva está siempre a nuestra disposición.

La pregunta es: ¿Cómo podemos hacer uso de ella? ¿Cómo puedo aprender a liberar la energía que existe en mi interior para usarla de manera práctica en mi vida diaria?

Esta búsqueda interna no es tan misteriosa ni tan complicada como parece. Tampoco requiere entrenamiento especial. No hay necesidad de pagar por recibir lecciones sobre una técnica especial. Se trata simplemente de lo que la tradición suele llamar la "silenciosa oración interior", una tranquila petición de conocimiento, comprensión y entendimiento. Luego basta esperar silenciosamente una respuesta de lo más profundo de nuestro interior. Eso es todo. La respuesta vendrá. Sólo se necesita un poco de paciencia.

Pero la respuesta, cualquiera que ésta sea, no sólo le dará información y entendimiento, sino que también liberará las energías que hay en su interior. Yo no puedo decirle cómo es que esto ocurre, únicamente sé que ocurre. Y así será mientras usted confíe en el poder espiritual del Creador.

Usted sólo necesita probar la "silenciosa oración interior" para convencerse de sus beneficios. La energía que encontrará en ella será superior a la que obtenga de cualquier otro estímulo externo. Es una provisión inextinguible de gozo que siempre estará con usted si se lo permite.

El poder curativo de la imaginación

Y dijo: "Hagamos al ser humano a nuestra imagen y semejanza. Que tenga dominio sobre todos los peces y todas las aves; sobre los animales domésticos, sobre los animales salvajes, y sobre todos los reptiles." Y Dios creó al ser humano a su imagen; lo creó a imagen de Dios. Hombre y mujer los creó.

Génesis 1:26-27

Somos producto de la imaginación de Dios: esta es una manera de interpretar el antiguo relato sobre la creación del género humano. Tenemos tal forma y tal naturaleza gracias a la habilidad de Dios para crearnos a Su imagen y semejanza.

Y por ser hechos según la imagen de Dios, también hemos recibido una imaginación creativa, con un poder menor a la de Dios, por supuesto; sin embargo, tiene una fuerza oculta que da forma y transforma nuestras experiencias, aunque nos servimos de ella tan poco.

Pero los médicos utilizan nuestra imaginación de manera muy efectiva en sus esfuerzos por sanarnos. Casi todos sabemos algo acerca de los "placebos" y su efecto: el doctor da al paciente una cápsula de azúcar, pero finge ante el enfermo que se trata de un eficaz calmante del dolor. Y casi siempre, si el paciente confía en el doctor, se siente aliviado de sus padecimientos. Los resultados son tan maravillosos que todos los experimentos científicos para comprobar el poder real de una droga se diseñan tomando en cuenta el efecto de placebo.

Los médicos también se sirven de la imaginación de manera más directa en otros métodos curativos. Por ejemplo, para reducir el estrés, nivelar la presión sanguínea o elevar los niveles de energía. Y muchos terapeutas la utilizan para reforzar nuestro sistema de inmunidad y para prevenir las enfermedades.

Pero no necesitamos consultar a un psicólogo para que nos enseñe a usar el poder curativo de la imaginación. Ni siquiera a un médico. La Biblia puede cumplir estas funciones. La fuerza de nuestra imaginación y la sabiduría de las Escrituras nos brindan una combinación de súper energía curativa.

Permítame mostrarle un método que encuentro muy útil: busque un lugar tranquilo en su casa, donde pueda pasar un rato sin ser molestado. Asegúrese de que haya una silla, una cama o un sitio en el piso donde usted pueda sentarse o echarse cómodamente. Tenga a la mano lápiz y papel por si quisiera escribir algunos pensamientos para recordarlos más tarde. Y, por supuesto, su Biblia.

Y ahora, esté listo para aventurarse por su imaginación. Respire profunda y rítmicamente durante algunos minutos y deje que su mente se pacifique y se vacíe hasta donde sea posible y relaje su cuerpo con alguna fervorosa meditación que sea de su agrado.

Después, concéntrese en el estado general de su salud emocional y espiritual. Fije las metas que desea alcanzar con esta meditación. ¿Desea conocer la respuesta a alguna pregunta en particular? ¿Le gustaría solucionar algún problema? Finalmente, escoja un personaje bíblico que pudiera ayudarle a alcanzar estas metas. ¿Quién? Tal vez a estas alturas quiera abrir su Biblia y leer cierto pasaje sobre el personaje que eligió. Ahora comience su aventura. Imagine, tan claramente como sea posible, el ambiente y las circunstancias en que desearía encontrarse con su consejero bíblico: ¿Un escenario moderno, o el antiguo Israel? ¿Tal vez en el desierto? Imagínese cómo estará vestido este personaje, cómo será usted recibido por él, el tono de su voz y los gestos y movimientos que hará.

Durante todo este tiempo, haga a un lado su sentido de lo que es correcto. Si una imagen es desagradable, déjela pasar y espere pacientemente a que llegue otra. Si no viene ninguna, permítase sentir la escena tal como la describió en sus propias palabras.

Después de unos momentos, comenzará a experimentar una presencia, una sensación de estar con alguien más. Entonces puede iniciar una conversación imaginaria y preguntar cualquier cosa que desee saber. No tenga miedo a revelar secretos; en lo que a usted concierne, no tiene por qué sentirse avergonzado: su consejero bíblico es confiable, discreto y comprensivo.

Después de hacer preguntas, espere pacientemente la respuesta. No puedo decirle cómo llegará. De acuerdo a mi propia experiencia tiendo a sentir la respuesta, más que a escucharla, y me siento aliviado, como si me hubiera liberado de alguna carga emocional. Y constantemente me sorprenden las respuestas que me da mi consejero, porque son novedosas e inesperadas. Al menos para mi entendimiento.

Al recibir estos consejos, usted podría escribir algunas frases o palabras que le ayuden a recordarlos. Mi memoria por sí sola no es muy confiable, como sucede cuando no puedo recordar los sueños, a menos que los escriba inmediatamente después de levantarme.

Al terminar, probablemente quiera ofrecer una breve plegaria antes de volver al mundo cotidiano.

Los consejos que yo recibo de meditaciones como ésta son una extraordinaria ayuda en mi propia vida. Sin embargo, siempre trato de comprobar si son prácticos y razonables, porque deben tener sentido y no ser un mero reflejo de mis propios deseos secretos. ¡Es tan común que ocurra eso!

Pruebe llevar a cabo este ejercicio y encontrará que su imaginación es una eficaz y poderosa fuerza que le dará la sabiduría para realizar cambios prácticos y positivos en su vida.

Supere esos obstáculos imposibles

El Señor, que me libró de las garras del león y del oso, también me librará del poder de ese filisteo. "Anda, pues", dijo Saúl, "y que el Señor te acompañe". Luego Saúl vistió a David con su uniforme de campaña. Le entregó también un casco de bronce y le puso una coraza. David se ciñó la espada sobre la armadura e intentó caminar, pero no pudo porque no estaba acostumbrado. "No puedo andar con todo esto", le dijo a Saúl; "no estoy entrenado para ello". De modo que se quitó todo aquello, tomó su bastón, fue al río a escoger cinco piedras lisas, y las metió en su bolsa de pastor. Luego, honda en mano, se acercó al filisteo.

1 Samuel 17:37-40

A veces enfrentamos obstáculos en la vida que parecen absolutamente insuperables. Hay algo que impide que alcancemos el éxito y la felicidad y sentimos que no podemos derribar las barreras. La Biblia nos ofrece una solución al enseñarnos cómo saltar sobre estas barreras y obtener todo lo que deseamos. He aquí un ejemplo de ello:

Sofía era una mujer de 55 años que sufría el "síndrome del nido vacío". Ella tenía esa sensación de aislamiento y soledad que muchas parejas maduras experimentan cuando sus hijos se van del hogar para casarse o seguir una carrera. Su esposo aún trabajaba activamente, pero ella había pasado toda su vida ocupándose de que la casa resultara lo más cómoda posible para la familia. Y ahora, cuando los hijos se habían ido, se sentía inútil y miserable.

"No soporto pasar un día más viendo la televisión y limpiando pisos", me dijo. "Pero no tengo nada más que hacer. Y así será durante los próximos diez años, al menos, hasta que Jack se jubile. No quiero desperdiciar diez años de mi vida esperando que eso suceda, sin nada más que hacer".

Cuando le sugerí algunas alternativas, Sofía las rechazó rápidamente. Yo sentí que había una necesidad o un deseo escondido detrás de su actitud, así que le hice una de mis preguntas favoritas: "Suponga que usted puede hacer cualquier cosa que desee. ¿Qué haría?"

Sofía respondió de inmediato: "Bueno, es fácil. Me gustaría volver a la escuela y conseguir un título, pero eso es imposible".

"¿Por qué?"

"Bueno, pues porque ya estoy muy grande para eso. Ni siquiera soy capaz de recordar dónde dejé las llaves por la mañana. ¿Cómo podría competir con esos jóvenes tan brillantes? Me sentiría ridícula de ir a la escuela y que el maestro resulte más joven que yo. En realidad, no tengo tiempo. ¿Por qué? Bueno, pues porque tendría casi sesenta años al graduarme; y eso, en el remoto caso de que fuera capaz de hacerlo."

Yo sabía que no iba a poder convencerla de que fuera a la escuela diciéndole que la edad no importa porque aprendemos a lo largo de toda la vida. Ella ya lo sabía, pero se había bloqueado el camino. Ese consejo no serviría de nada. Necesitaba un remedio más eficaz.

Le pedí que recordara la historia de David y Goliat. Todos hemos escuchado ese relato y nos encantó cuando éramos niños. Pero también puede enseñarnos algo a los adultos. Sofía lo recordaba, por supuesto, y me dijo: "Eso demuestra justamente lo que estoy diciendo: ciertamente, no soy joven como David".

"No, le dije, pero sí está actuando como el ejército de Israel."

El ejército israelita era mucho más poderoso que los filisteos. Pero Goliat, el gigante filisteo, tenía aterrados a los soldados hebreos, quienes suponían que era sencillamente imbatible. Goliat los había convencido de que no podían contra él.

Y como muchos otros Sofía tenía un Goliat en su interior, y se había convencido a sí misma de que no podía pelear contra ese enemigo invencible: su edad. Este enemigo imaginario era tan opresivo para Sofía como lo era Goliat para el ejército hebreo. Por fortuna la historia de David nos enseña a vencer a nuestros Goliat personales.

David se ofrece valientemente a pelear contra Goliat, y Saúl, el líder de los israelitas, lo obliga a ponerse la tradicional armadura de guerra, pero David no se siente cómodo con este pertrecho, le estorba.

David se da cuenta de que debe confiar en sus propios métodos y hacer las cosas a su manera si quiere vencer al enemigo. Las técnicas y armas ajenas podrían hacerlo fracasar.

Esta es exactamente la lección que Sofía necesitaba aprender. No fue la juventud de David la que lo hizo triunfar; derrotó al aparentemente invencible enemigo porque creyó en sí mismo y en su propia visión de las cosas. Y cuántas veces no tratamos de ajustarnos a la imagen que la gente se ha hecho de nosotros. Esta actitud, igual que una armadura ajena y desagradable, puede impedir nuestro progreso. Necesitamos deshacernos de ella y comenzar a creer en nuestros propios ideales. Entonces podremos superar cualquier obstáculo que se interponga en el camino.

Un año más tarde, Sofía me visitó con su primer certificado escolar en la mano.

"Otro gigante que muerde el polvo", me dijo orgullosamente.

Prepárese contra las crisis emocionales

El diluvio cayó sobre la tierra durante cuarenta días. Cuando crecieron las aguas, elevaron el arca por encima de la tierra. Las aguas crecían y aumentaban cada vez más, pero el arca se mantenía a flote sobre ellas. Tanto crecieron las aguas, que cubrieron las montañas más altas que hay debajo de los cielos.

Génesis 7:17-19

La historia del catastrófico diluvio resuena intensamente en la psique humana. Casi todas las religiones tradicionales contienen una narración semejante a la de Noé en el Génesis. Es muy antigua y universal. Y el hecho de que se repita generación tras generación demuestra que nos afecta profundamente.

Este pasaje bíblico nos enseña cómo prepararnos para las épocas de crisis emocional y espiritual y, así, evitar la catástrofe.

El arca simboliza la preparación psicológica y representa las herramientas que necesitamos para enfrentar los tiempos de turbulencia y transición: en otras palabras, es un sistema de apoyo para preparar un programa de salud mental y bienestar.

Todos ahorramos dinero para salvarnos de un desastre financiero y construimos casas a prueba de tormentas. ¿Por qué no asegurarnos también contra la ruina emocional?

Este sistema de apoyo debe organizarse desde antes de que la crisis entre a nuestras vidas; de otra manera, podríamos ser presa fácil de un diluvio emocional. En medio de la tensión de los tiempos duros es difícil tomar decisiones prudentes. Dios urgió a Noé a que construyera el arca mucho tiempo antes de que la lluvia llegara. El tiempo más apropiado para construir este sistema de apoyo es cuando las cosas marchan bien y tenemos la ventaja de contar con energía y cordura.

¿Qué deberíamos llevar con nosotros a esta "arca" emocional? ¿Qué necesitaríamos para hacer frente a esos tiempos difíciles? ¿Cómo podemos prepararnos contra la tormenta psicológica?

Sigamos el ejemplo de Noé. En primer lugar, él lleva a su familia al arca. En las épocas de crisis, la familia puede servir de sostén como nadie, aunque no se debe esperar hasta entonces para apreciar la fuerza de los lazos familiares. ¡Hágalo desde ahora¡ Si algo anda mal en sus relaciones familiares, esfuércese por estrechar los lazos.

Noé también se llevó todos los alimentos y provisiones que necesitará durante ese largo viaje. Esto indica, simbólicamente, la necesidad de contar con un almacén de alimento espiritual que puede tomar formas muy variadas. Muchos se sienten fortalecidos por otras comunidades, además de la familia: los amigos o asociados, la iglesia o algún grupo de apoyo que enfrenta los mismos problemas. Algunos más hacen una lista de pasajes bíblicos y lecturas inspiracionales que los confortan, o ciertos pasajes musicales que tienen la virtud de reanimarlos. Es buena idea también preparar una lista de cosas que merecen celebrarse, lugares a visitar o actividades divertidas. Y, en fin, consultar a los demás acerca de las cosas que los fortalecen y consuelan.

Otro elemento a considerar en este sistema de apoyo emocional es la responsabilidad. Esto podría sonar un poco extraño porque tendemos a pensar en la responsabilidad y las obligaciones como en algo que nos agobia más que nada. Lo cierto es que es al revés.

Dios confió a Noé la tarea de cuidar a todos los animales del arca. Este formidable trabajo fue probablemente una bendición para Noé quien, con toda seguridad, a veces caía en la desesperación al ver cómo la tormenta destruía el mundo. Debió preguntarse si tenía algún sentido seguir adelante. Por lo tanto, la misión de proteger a los animales le dio un propósito en la vida. Ellos eran necesarios para el futuro del mundo y del género humano, y era su obligación preservarlos. Esa responsabilidad le ayudó a seguir adelante.

Incluso en tiempos de angustia, debemos sacar fuerza de la flaqueza para proteger y preservar a aquéllos que están bajo nuestro cuidado. Ciertas responsabilidades, con la familia y los amigos, no pueden ser ignoradas, a despecho de las circunstancias, y cumplir con estas obligaciones forma parte de nuestro apoyo espiritual, porque nos dan un equilibrio.

Construir un arca que incluya a la familia, el alimento espiritual, y un sentido muy claro de nuestras obligaciones nos ayudará a combatir animosamente contra cualquier tormenta, emocional o psicológica. Y, como ocurrió con Noé, cuando la tormenta cese podremos retornar a la vida renovados.

Transfórmese en una mejor persona

Cómo ser verdaderamente generoso

Jesús se sentó frente al lugar donde se depositaban las ofrendas, y estuvo observando cómo la gente echaba sus monedas en las alcancías del templo. Muchos ricos echaban grandes cantidades. Pero una viuda pobre llegó y echó dos moneditas de muy poco valor. Jesús llamó a sus discípulos y les dijo: "Les aseguro que esta viuda pobre ha echado en el tesoro más que todos los demás. Estos dieron de lo que les sobraba; pero ella, de su pobreza, dio todo lo que tenía, todo su sustento."

Marcos 12:41-44

Todos tendemos a pensar en la generosidad en términos económicos. En la iglesia, somos caritativos y ponemos dinero en el plato que pasan entre los fieles, confiando en que se utilizará para ayudar a los pobres y los hambrientos. Esta caridad es importante y muy necesaria.

Pero también existe una generosidad mucho más profunda y espiritual, y si la ignoramos podríamos llegar a ser tacaños, tanto con nuestra alma corno con nuestro dinero. La generosidad interior es tan importante para el bienestar y la salud espiritual como lo es la generosidad económica para el mundo que nos rodea. Pero ¿qué es la verdadera generosidad interior? ¿Cómo podemos aprender a darnos a nosotros mismos? El pasaje del Evangelio de san Marcos nos ayudará. Jesús está sentado junto al arca de la ofrenda en el templo, observando las contribuciones de los ricos y los poderosos. Entonces, una viuda, encorvada por la edad, camina tímidamente hacia el plato de las ofrendas y deposita en él dos monedas de muy poco valor.

Pero Jesús sabe cuánto sacrificio ha hecho. Por supuesto, ella pudo haber contribuido con una sola moneda y dejar la otra para sí misma. La necesita. Y podernos imaginar lo que debe haber sentido al ver cómo otros daban cantidades más grandes de lo que ella podría tener jamás.

Inmediatamente, Jesús llama a sus discípulos para decirles una impresionante verdad: la viuda es verdaderamente generosa porque da todo lo que tiene.

Al escuchar esta lección, la mayoría se preguntará cómo se puede ser generoso. ¿Es que el Señor quiere decir que deberíamos vaciar nuestras cuentas bancarias? ¿Deberíamos vivir en la pobreza absoluta para hacer contribuciones que realmente cuenten? ¿Es tan impráctico el consejo de Jesús que nunca seríamos capaces de seguirlo?

Es verdad que muchos gustan tanto de la buena vida que les parece impensable sacrificar la comodidad y la posición social. Y sabemos que Jesús, en sus enseñanzas, nos recuerda una y otra vez que la verdadera felicidad no está en las posesiones ni en los bienes materiales; sin embargo, es muy mala terapia que se nos pida algo que consideramos imposible. ¿Cómo podríamos renunciar a todo lo que tenemos?

Por supuesto, nos gustaría hacer aportaciones más caritativas, pero tenemos cuentas por pagar y la obligación de educar a nuestros hijos. Sí, hay muchas necesidades en el mundo y tantas causas que nos gustaría apoyar, pero no es posible darles todo lo que tenemos.

Incluso, hay ocasiones en que nos sentimos incapaces de dar apoyo emocional y espiritual a los demás. Sentimos que es imposible dedicarles una parte de nuestro tiempo o darles un poco de consuelo. Simplemente no tenemos fortaleza porque estamos empobrecidos por dentro. Así pues, ¿cómo podemos ser verdaderamente generosos?

Es de notar que, para Jesús, la profunda importancia de la generosidad de la viuda no proviene de su riqueza, sino de su pobreza. Es una paradoja, ¿qué significado tiene? Él está diciendo claramente que la cantidad de dinero que somos capaces de dar no refleja la medida de nuestra virtud. La generosidad verdadera no tiene nada que ver con las apariencias o el bienestar económico. Es una voluntad interior de dar desde lo más profundo del alma.

Una vez comprendido este mensaje, podemos distinguir, más allá de cualquier medida, a las personas que son generosas. Muy a menudo sabemos de gente que da consuelo a otros, aunque ellos mismos no se sientan bien, y derraman amor a su alrededor desinteresadamente. Algunos guían con prudencia y sabiduría a los demás por el buen sendero, aunque sus propias vidas son oscuras y miserables.

Advertimos la verdadera generosidad dondequiera que la gente ofrece todo lo que tiene. Por ejemplo, cuando una madre da todo su amor a sus hijos y a su familia, y cuando un artista pone todo su genio y su talento para crear una obra maestra. La verdadera generosidad existe cuando usamos todos nuestros recursos y habilidades para hacer bien nuestro trabajo y cuando producimos algo valioso para los demás. Vemos la verdadera generosidad en los deportistas que se entregan totalmente al juego y a su equipo. La vemos en los estudiantes que dan lo mejor de sí en la escuela. Todos éstos son ejemplos de generosidad, y son actitudes que ayudan a tener una vida saludable. Una vida en la que no retenemos nada, y damos todo lo que tenemos para vivir plenamente.

Tal generosidad es milagrosa. Y cuando damos y damos hasta sentir que ya no tenemos nada más, somos recompensados de maneras insospechadas. El don de la generosidad verdadera, sana y enriquece al dador mucho más que al que recibe. Eso demuestra que nuestros recursos interiores van mucho más allá de cualquier expectativa que pudiéramos tener. A través de esta generosidad podemos encontrar en nosotros mismos una fuente inextinguible de amor y recompensa más grande que el placer que pudiéramos derivar de los bienes materiales.

Persista en sus buenos propósitos

Las puertas de Jericó estaban bien aseguradas por temor a los israelitas; nadie podía salir ni entrar. Pero el Señor le dijo a Josué: "¡He entregado en tus manos a Jericó, y a su rey con sus guerreros! Tú y tus soldados marcharán una vez alrededor de la ciudad; así lo harán durante seis días. Siete sacerdotes llevarán trompetas hechas de cuernos de carneros, y marcharán frente al arca. El séptimo día ustedes marcharán siete veces alrededor de la ciudad, mientras los sacerdotes tocan las trompetas. Cuando todos escuchen el toque de guerra, el pueblo deberá gritar a voz en cuello. Entonces los muros de la ciudad se derrumbarán, y cada uno entrará sin impedimento."

Josué 6:1-5

¡Ah! ¡Si pudiéramos persistir en nuestros buenos propósitos más allá de las primeras semanas posteriores al Año Nuevo! Intentamos, con toda honestidad, trabajar más duro, adelgazar, ser amables, meditar y, de una vez por todas, dejar de fumar. Sin embargo, cuando pasa el momento de la decisión, nuestras buenas intenciones se van con él. Resbalamos un poquito por aquí, hacemos una trampita por acá y, muy pronto, lo único que nos queda de todos los buenos propósitos es una ocasional punzada de culpabilidad. Y es tan fácil ignorar la culpa a medida que pasa el tiempo. Nadie se siente orgulloso de su debilidad al abandonar sus resoluciones, aunque todos nos reímos de nuestras pequeñas fallas. La habilidad para mantener las decisiones tiene mucho que ver con el éxito en la vida: forma el carácter. ¿Quién no envidia a aquellos que escogen sus metas, y luego trabajan duro hasta alcanzarlas? La historia de Josué y la batalla de Jericó es un modelo perfecto de persistencia.

La ciudad amurallada de Jericó estaba muy bien fortificada y protegida por un robusto ejército. Los cansados israelitas pudieron haberla ignorado, asustados ante la perspectiva de un prolongado asedio. Si elegían atacar, tendrían que resignarse a una larga y persistente espera, hasta que sus habitantes se rindieran.

Las resoluciones tienden a enfriarse cuando consideramos el esfuerzo, tal vez el dolor, que cuesta mantenerlas. La decisión de dejar de fumar es una cosa; resistir la tentación de fumar después de una buena comida es algo muy diferente. Nuestra propia urgencia nos tienta a trivializar las decisiones tomadas:

"Un cigarrito no perjudica a nadie". "Por esta vez, podría comer una rebanadita de pastel." Aun nuestros mejores propósitos parecen palidecer y morir.

Por tanto, si quiere mantener sus resoluciones vivas y activas, le aconsejo que siga el plan de Dios para Josué.

En primer lugar, le dice que ya ganó la batalla. Así, pone en la mente de Josué la imagen del éxito. Esta es una estrategia psicológica que nunca falla.

Por eso, lo primero que usted debe hacer es verse a sí mismo como alguien que ya logró llevar a buen fin sus resoluciones. Imagine, tan vívidamente como sea posible, qué limpios están sus pulmones sin el tabaco, o la esbeltez de su figura sin los bocadillos entre comidas. Reactive diariamente esa imagen y manténgala, con otras ideas de apoyo, fuertemente en su mente.

En segundo lugar, bloquee las imágenes que van en contra de su decisión. No piense en lo agradable que sería fumarse un cigarro o tomar un helado. Estas parecen imágenes positivas porque prometen placer. Pero, de hecho, son negativas, y usted lo sabe. Así que cuando entren a su mente, bloquéelas inmediatamente con pensamientos positivos y no las deje echar raíces, porque pueden romper sus resoluciones y borrar todos los progresos que ha hecho. En tercer lugar, utilice cualquier recurso que lo ayude a mantener sus propósitos. Dios le dice a Josué que llame a los soldados, los sacerdotes y, finalmente, a todo el pueblo de Israel para que se una a la batalla. ¡Haga lo mismo! Convoque a su familia, a sus amigos, a su Iglesia y a sus compañeros de trabajo. Y, si es posible, únase a un grupo de apoyo que lo ayude a alcanzar sus metas.

Y, finalmente, emociónese con su nueva vida. Dios le dice a Josué que toquen las cornetas de cuernos de carnero, que marchen alrededor de la ciudad y griten. Siga el consejo. Utilice las emociones para superar la apatía y el desánimo. Festeje cualquier éxito, prométase fabulosas recompensas si alcanza logros importantes y cuéntelo a sus amigos para que celebren los éxitos con usted.

Visualícese como un triunfador, elimine los pensamientos negativos, reúna todos los elementos de apoyo y grite de alegría cuando alcance sus metas. Después, contemple cómo se derrumbaron totalmente, igual que las murallas de Jericó, las barreras que le estorbaban el camino al éxito.

Aprenda a ser más flexible

No hagas ningún ídolo ni nada que guarde semejanza con lo que hay
arriba en el cielo, ni con lo que hay abajo en la tierra, ni con lo que
hay en las aguas debajo de la tierra. No te inclines delante de
ellos ni los adores. Yo, el Señor tu Dios, soy un Dios celoso.
Cuando los padres son malvados y me odian, yo castigo
a sus hijos hasta la tercera y cuarta generación.
Por el contrario, cuando me aman y cumplen
mis mandamientos, les muestro mi amor
por mil generaciones.

Deuteronomio 5:8-10

Vincent, un joven pintor y escultor, estaba inscrito en mis clases de psicología y religión. Era un muchacho afable, rebelde y lleno de energía que adoraba los desafíos y, en muchas ocasiones, escandalizaba a sus maestros y condiscípulos con preguntas irreverentes que provocaban maravillosas conversaciones y debates dentro y fuera del salón de clases.

Una mañana llegó con una Biblia en la mano. "Quiero leerle el segundo mandamiento", me dijo, y procedió a leer unos versículos del Deuteronomio.

Al terminar, dijo: "¿Y qué significa esto? Significa que Dios odia el arte. No se maraville de que el arte y la Iglesia no se lleven bien. Si yo siguiera este mandamiento, jamás sería artista. Para empeorar las cosas, creo que Dios es injusto e irracional. El mismo dice que es un Dios celoso. ¿Por qué, si es todopoderoso? También dice que no hay otro dios, sino Él. ¿Por qué tendría que preocuparse de nuestra adoración a otros dioses? ¿Y por qué amenaza con castigar a los hijos por lo que hicieron sus padres y abuelos? Esto simplemente no tiene sentido".

La diatriba de Vincent provocó un acalorado debate. Algunos estudiantes se mostraron de acuerdo acerca del conflicto entre el arte y la religión, y mencionaron la larga historia de choques entre ambos. Otros señalaron que una gran parte de las más bellas obras de música, escultura, pintura y arquitectura tienen temas religiosos y se encuentran en lugares de adoración. Pero casi todos estaban perplejos de los celos de Dios y de la amenaza de castigar la iniquidad de los padres en los hijos.

"Sobre esa cuestión, creo que están olvidando el verdadero mensaje del mandamiento", les dije. "Este mandamiento es una advertencia contra los efectos perjudiciales de la rigidez psicológica. En realidad es un principio terapéutico."

Vincent sintió curiosidad. "Muéstremelo", dijo.

Les dije que el segundo mandamiento está basado en una sofisticada comprensión del funcionamiento de la mente humana. Cuando intentamos comprender a Dios, a la vida, al universo o a nosotros mismos, usamos conceptos, ideas e imágenes que son siempre incompletas. La capacidad de pensamiento es finita, así que debe limitarse a lo que puede comprender. Cuando la mente trata de comprender el concepto de infinito, se detiene aturdida. Simplemente no puede comprender la infinita complejidad de la existencia.

El problema sobreviene cuando comenzamos, como dice la Biblia, a "venerar" estas "imágenes", ideas o conceptos, como si abarcaran el infinito que intentan hacer comprensible. Es como tomar una fotografía de tu novio o de tu novia, y luego enamorarse profundamente de la foto e ignorar a la persona.

"Así que por eso Dios es 'celoso'", dijo Vincent.

"Sí, podrías considerarlo de ese modo", le repliqué. "Pero el asunto es mucho más serio."

Piense en lo propensos que somos a permitir que las imágenes y los conceptos que nos hacemos de Dios influyan en la forma como nos vemos a nosotros mismos y actuamos con los demás. Una vez que nos convencemos de que nuestra idea es la correcta, y los demás están equivocados, nos disponemos a crear conflictos. Nos hacemos rígidos e inflexibles y nos resistimos a aceptar los cambios, aunque sea necesario adaptarlos a nuevas experiencias y puntos de vista.

"Pero, ¿por qué quiere Dios castigar a los hijos y los nietos de la gente de mentalidad rígida?", preguntó otro estudiante. "Parece tan injusto".

El lenguaje es áspero, admití, pero creo que se debe a que los sabios de la antigüedad estaban ansiosos de impresionarnos con el largo alcance que pueden tener los efectos de la inflexibilidad. Las actitudes que adoptamos serán imitadas por nuestros hijos, con toda seguridad. Si somos estrechos y cerrados de mente, nuestros hijos tomarán de nosotros ese estilo de pensamiento y lo heredarán a los suyos. Dios no es injusto al castigar a los hijos por los crímenes que cometieron sus padres. Más bien, nos está advirtiendo que seamos cuidadosos del modo en que educamos el pensamiento de nuestros hijos.

El antídoto para esta rigidez es entender que ninguna imagen de Dios es completa. Necesitamos formar imágenes y conceptos para poder hablar y pensar acerca de asuntos religiosos y espirituales. Y podemos ver la belleza y maravillarnos de la manera en que otras personas expresan su amor y reverencia por lo divino. También podemos apreciar que muchos de los diferentes conceptos expresen algo nuevo e importante. Siempre hay algo nuevo que aprender acerca de nosotros mismos y de nuestra relación con el cosmos.

El poder curativo de la Biblia
se imprimió en junio de 2016,
en Acabados Editoriales Tauro, S.A. de C.V.
Margarita 84, Col. Los Ángeles,
Del. Iztapalapa, C.P. 09360, México, D.F.

www.ingramcontent.com/pod-product-compliance
Lightning Source LLC
Chambersburg PA
CBHW060824050426
42453CB00008B/573